# संचार और मीडिया शोध

डॉ. विनीता गुप्ता

वाणी प्रकाशन

प्रकाशन के उत्कृष्टतम 63 वर्ष

vaniprakashan.com

पेपरबैक पहला संस्करण : 2015
पेपरबैक दूसरा संस्करण : 2026

**वाणी प्रकाशन**

*4695, 21-ए, दरियागंज, नयी दिल्ली-110 002*

*फ़ोन : +91 11 23273167, 23275710*

**शाखाएँ**

*अशोक राजपथ, पटना-800 004, बिहार*

*कॉफ़ी हाउस कैम्पस, महात्मा गांधी मार्ग, प्रयागराज-211 001, उत्तर प्रदेश*

*महात्मा गांधी अन्तरराष्ट्रीय हिन्दी विश्वविद्यालय, वर्धा-442 001, महाराष्ट्र*

sales@vaniprakashan.in
vaniprakashan@gmail.com

Sanchar Aur Media Shodh
*by* Dr. Vineeta Gupta

ISBN : 978-93-5072-945-8
Media



मूल्य : ₹295



*जी.एस. ऑफ़सेट, दिल्ली-110 095 में मुद्रित*

*वाणी प्रकाशन का लोगो मक़बूल फ़िदा हुसैन की कूची से*

# आमुख

मीडियाकर्मियों की रुचि मीडिया की गुणवत्ता बढ़ाने में होती है ताकि वह और प्रभावी तथा बेहतर ढंग से काम कर सके। इस सन्दर्भ में मुझे रोजर डी. विमर का यह वक्तव्य बहुत महत्त्वपूर्ण लगता है, "मीडिया की गुणवत्ता सतर्क शोध का परिणाम होती है। और यह तभी सम्भव हो सकता है, जब मीडिया शोधकर्ता मीडिया के नीति-निर्माताओं, रणनीतिकारों और प्रयोगकर्ताओं को उचित शोध निष्कर्ष उपलब्ध करा सकें। इसके लिए शोधकर्ताओं में यह योग्यता होनी चाहिए कि वे सार्थक शोध और अध्ययनों की योजना बना सकें, उन्हें कार्य रूप दे सकें और अन्त में ऐसे निष्कर्ष प्रस्तुत कर सकें जो उद्देश्यपूर्ण हों, वैद्य हों और साथ ही विश्वसनीय और प्रामाणिक भी।"

भारत जैसे विकासशील देश में प्रशिक्षित शोधकर्ताओं, प्रभावी शोध उपकरणों, उचित दिशानिर्देशों और सम्बन्धित पुस्तकों की बहुत कमी है। इस क्षेत्र में जो भी सामग्री उपलब्ध है, उसके सन्दर्भ पश्चिमी हैं और वह वर्तमान शोध की आवश्यकताओं को पूरा नहीं करती। शोध-प्रविधियाँ, शोध डिजाइन, उपकरण, नमूना डिजाइन, आँकड़ों का संग्रह, विश्लेषण, व्याख्या और यहाँ तक कि निष्कर्षों पर भी पश्चिमी विचार हावी हैं। और तो और शोध से सम्बन्धित ज्यादातर सामग्री भी अंग्रेजी में ही उपलब्ध है।

डॉ. विनीता गुप्ता द्वारा लिखी गयी पुस्तक **'संचार और मीडिया शोध'** इस कमी को निश्चय ही पूरा करेगी। इस पुस्तक को लिखने की पृष्ठभूमि में मैं तो सिर्फ एक कारण मात्र रहा। जब अंग्रेजी में मेरी पुस्तक **'हैंडबुक ऑफ कम्युनिकेशन रिसर्च'** आयी तो मैंने डॉ. विनीता से कहा कि वे इसी विषय पर हिन्दी पर एक पुस्तक लिखें, और उन्होंने नये सन्दर्भों को लेकर यह पुस्तक लिखी। मुझे विश्वास है कि 'संचार और मीडिया शोध' पुस्तक न केवल विद्यार्थियों और शोधकर्ताओं के लिए उपयोगी सिद्ध होगी, बल्कि उन मीडियाकर्मियों के लिए भी महत्त्वपूर्ण होगी जो अलग-अलग तरह की शोध-परियोजनाओं को कार्य रूप देना चहेंगे, शोधकर्ता अच्छे शोध-सार (Research Synopsis) और स्तरीय लघु शोध लिख सकेंगे।

**डॉ. देवेश किशोर**
प्रोफेसर एमेरिटस
इंडिया टुडे मीडिया इंस्टीट्यूट (आज तक), नोएडा
माखनलाल चतुर्वेदी राष्ट्रीय पत्रकारिता एवं संचार विश्वविद्यालय, भोपाल

# प्रस्तावना

बीस साल तक पत्रकार और फिर एक मीडिया शिक्षक और स्वयं एक शोधकर्ता के रूप में संचार और मीडिया शोध मेरे व्यवसाय का अनिवार्य हिस्सा बना रहा लेकिन 2009 में जब नान्यांग टेक्नोलोजिकल यूनिवर्सिटी, सिंगापुर के एक रिसर्च प्रोजेक्ट के प्रिंसिपल इन्वेस्टिगेटर प्रोफेसर (डॉ.) देवेश किशोर के साथ को-प्रिंसिपल इन्वेस्टिगेटर के रूप में कार्य करने का अवसर मिला तो उन ढाई साल में संचार और मीडिया शोध प्रक्रिया को और ज्यादा गहराई से जाना। मीडिया शिक्षक के रूप में एक बात बार-बार महसूस होती रही कि मीडिया शोध विषय विभिन्न सरकारी और निजी संस्थानों में पढ़ाया जरूर जा रहा है लेकिन संचार और मीडिया शोध पर पुस्तकों की कमी है। अंग्रेजी में भारतीय और पश्चिमी विद्वानों की पुस्तकें मिलती हैं और उनके सन्दर्भ भी पश्चिमी हैं लेकिन हिन्दी में इस विषय पर सामग्री का जैसे अकाल सा है। अब जबकि संचार और मीडिया शोध सिर्फ अकादमिक रुचि का विषय नहीं रहा, यह अपने आप में एक स्वतन्त्र कैरियर के रूप में उभर कर सामने आया है। सभी मीडिया संस्थानों को शोध की आवश्यकता होती है। इस जरूरत को पूरा करने के लिए उनके अपने शोध प्रकोष्ठ या विभाग हैं या वे अन्य स्वतन्त्र शोध एजेंसियों की सेवाएँ लेते हैं। चाहे पाठकों, दर्शकों और श्रोताओं के बीच अपनी पहुँच बढ़ाने के लिए रणनीति बनानी हो, कुछ अलग तरह की सामग्री देने की बात हो या चुनावी सर्वेक्षण देने हों या फिर प्रकाशनों, प्रसारणों की प्रतियोगिता में अपनी स्थिति का जायजा लेना हो, सब मीडिया शोध के माध्यम से ही यह सम्भव हो पाता है।

ऐसे में बड़ी संख्या में शोधकर्ताओं की आवश्यकता को नकारा नहीं जा सकता। और मीडिया शिक्षण संस्थान ऐसे शोधकर्ता तैयार करने में महत्त्वपूर्ण भूमिका निभा सकते हैं। लेकिन देश में मीडिया विषय पढ़ने वाले हजारों छात्रों के सामने पाठ्य और सन्दर्भ पुस्तकों की कमी एक बाधा बन कर उभरती है, विशेष रूप से उन छात्रों के लिए जो हिन्दी ज्यादा बेहतर जानते हैं। इसी तथ्य को रेखांकित करते हुए प्रोफेसर (डॉ.) देवेश किशोर ने मुझे हिन्दी में संचार मीडिया शोध विषय पर पुस्तक लिखने के लिए प्रेरित किया। और मैंने हिन्दी में भी ऐसी भाषा का प्रयोग किया जो छात्रों को आसानी से समझ आ सके। यही अनेक स्थानों पर शोध की तकनीकी शब्दावली को हिन्दी के साथ-साथ अंग्रेजी में भी दिया है और कुछ शब्दों का हिन्दी अनुवाद करने की बजाय उनका ज्यों-का-त्यों प्रयोग करते हुए देवनागरी में लिप्यन्तरण मात्र किया है।

**'संचार और मीडिया शोध'** पुस्तक में मैंने इस विषय से जुड़े सभी आयामों को ग्यारह अध्यायों में प्रस्तुत किया है। पहले अध्याय में शोध के अर्थ, अवधारणा, महत्त्व, डिजाइन, उपयोगिता, प्रकार और मीडिया-शोध की भूमिका पर विस्तार से प्रकाश डाला गया है। कोई भी शोधकर्ता अपने अध्ययन और उसके निष्कर्ष तक पहुँचने के लिए एक दृष्टिकोण के साथ शोध प्रविधियों का प्रयोग करता है। शोध के लिए अनेक प्रविधियाँ अपनाई जाती हैं। दूसरा अध्याय विभिन्न शोध-दृष्टियों और प्रविधियों पर केन्द्रित है। जिस प्रकार बिना उपकरण के कोई कार्य पूरा नहीं हो सकता, वैसे ही उचित उपकरण अपनाये बिना कोई शोध पूरा नहीं हो सकता। तीसरे

अध्याय में विविध शोध-उपकरणों जैसे—प्रश्नावली, अनुसूची, साक्षात्कार, रिकॉल, केन्द्रित समूह अध्ययन आदि की विस्तार से चर्चा की गयी है। शोध का मूल आधार आँकड़े होते हैं। चौथे अध्याय में आँकड़ों के प्रकार, उपयोग और महत्त्व के साथ उनके स्रोतों और उनका संग्रह तथा संरक्षण करने के तरीकों को समझाने का प्रयास किया गया है। शोध का एक महत्त्वपूर्ण तत्त्व है सैम्पलिंग अर्थात नमूना विधि। पाँचवाँ अध्याय वैज्ञानिक प्रक्रिया से सैम्पलिंग और उसके प्रकार आदि पर केन्द्रित है। एक पूरी वैज्ञानिक प्रक्रिया होने के कारण शोध क्रमशः विभिन्न चरणों में सम्पन्न होता है। शोध प्रक्रिया के विभिन्न सोपानों का विस्तार से वर्णन छठवें अध्याय में किया गया है। शोध में निष्कर्ष तक पहुँचने के लिए संगृहीत आँकड़ों का विश्लेषण सांख्यिकी तकनीक से किया जाता है। संचार या मीडिया शोध के लिए जुटाये गये आँकड़ों के विशाल भंडार को सांख्यिकी तकनीक से विश्लेषित कर निष्कर्ष तक पहुँचा जा सकता है। सातवें अध्याय में शोध में सांख्यिकी प्रयोग को समझाने का प्रयास किया गया है। इस अध्याय में सांख्यिकी शब्दावली और उसके प्रयोग को विभिन्न प्रासंगिक उदाहरणों, चित्रों और तालिकाओं के साथ प्रस्तुत किया गया है। सांख्यिकी विश्लेषण में प्रयोग होने वाले माध्य (MEAN), मध्यांक (MEDIAN), बहुलांक (MODE), मानक विचलन (STANDARD DEVIATION), वैधता जाँचने के विविध परीक्षण जैसे काई स्क्वायर (Chi Square Test) आदि को उदाहरण सहित समझाया गया है।

दर्शकों, श्रोताओं और पाठकों के बीच अपने प्रभाव का आकलन करने और समाज में प्रचलित रुझानों को जानने के लिए मीडिया संस्थान समय-समय पर शोध कराते हैं। इन्हीं शोधों के विभिन्न प्रकारों—दर्शक-श्रोता अनुसन्धान, टेलीविजन रेटिंग (TRP), टारगेट ऑडियंस रेटिंग पॉइंट्स (TARPS), पाठक सर्वेक्षण, जनमत सर्वेक्षण, एग्जिट पोल आदि पर विशेष सामग्री आठवें अध्याय में दी गयी है।

मीडिया संस्थान जहाँ अपने शोध प्रकोष्ठों से शोध कराते हैं, वहीं विभिन्न निजी स्वतन्त्र शोध संस्थाओं की सहायता भी लेते हैं। ये शोध संस्थाएँ विभिन्न मीडिया संस्थानों को महत्त्वपूर्ण आँकड़े उपलब्ध कराती हैं, जिनका उपयोग वे अपनी आवश्यकता के अनुसार करते हैं। ऐसी ही कुछ महत्त्वपूर्ण विदेशी और भारतीय निजी शोध संस्थाओं के बारे में नौवें अध्याय में विस्तार से बताया गया है।

दसवें अध्याय में मीडिया शोध के पत्रकारिता में उपयोग की विशेष चर्चा की गयी है कि किस प्रकार शोध से जुटाये गये आँकड़ों और निष्कर्षों को समाचार का आधार बनाया जा सकता है। इस अध्याय में प्रिसिजन जर्नलिज्म और आँकड़ों पर आधारित पत्रकारिता (डाटा जर्नलिज्म और डाटाबेस जर्नलिज्म) पर प्रकाश डाला गया है। जिस प्रकार जीवन के हर क्षेत्र में कुछ नैतिक मूल्यों के पालन की बात कही जाती है, वैसे ही हर व्यवसाय में कुछ नैतिक मानदंडों के पालन पर बल दिया जाता है। शोधकर्ता को नैतिक मूल्यों का पालन करना चाहिए। इस पुस्तक के अन्तिम अध्याय में शोध में आचार संहिता और व्यावसायिक मानकों की चर्चा की गयी है।

पुस्तक लिखते समय मेरा पूरा प्रयास रहा है कि संचार और मीडिया शोध जैसे कठिन माने जाने वाले विषय को सरल भाषा-शैली में प्रस्तुत किया जा सके। इसी प्रयास में मैंने जहाँ आम बोलचाल की भाषा का प्रयोग किया, वहीं चित्रों, तालिकाओं, ग्राफिक्स और नवीनतम उदाहरणों का प्रयोग किया है।

इस पुस्तक के प्रेरणा-स्रोत संचार और मीडिया शोध के अन्तर्राष्ट्रीय ख्याति प्राप्त प्रोफेसर (डॉ.) देवेश किशोर के प्रति आभार व्यक्त करने के लिए मेरे पास शब्द नहीं हैं जिन्होंने मुझे पत्रकारिता व्यवसाय से पत्रकारिता शिक्षण में आने के लिए प्रेरित किया और आई.एम.एस. नोएडा में स्कूल ऑफ जर्नलिज्म एंड मास कम्युनिकेशन विभाग के डीन के तौर पर मेरा मार्गदर्शन किया। 2009 में उन्होंने सिंगापुर इण्टरनेट रिसर्च सेंटर, नान्यांग टेक्नोलोजिकल यूनिवर्सिटी, सिंगापुर के रिसर्च प्रोजेक्ट में मुझे न केवल को-प्रिंसिपल इन्वेस्टिगेटर के

तौर पर शामिल किया, बल्कि स्वयं प्रिंसिपल इन्वेस्टिगेटर की भूमिका में समय-समय पर संचार और मीडिया शोध की बारीकियाँ समझायीं। पुस्तक लेखन के दौरान कई-कई बार चर्चाओं और मार्गदर्शन के लिए समय भी निकाला। मेरे गुरु स्वरूप प्रोफेसर (डॉ.) देवेश किशोर और गुरु माँ स्वरूप श्रीमती मिथिलेश अग्रवाल का हृदय से आभार। शोध क्षेत्र में विशेष योग्यता रखने वाले महाराजा अग्रसेन इंस्टीट्यूट ऑफ मैनेजमेंट स्टडीज, दिल्ली के निदेशक डॉ. सी.एस. शर्मा का आभार जो हमेशा शोध के लिए प्रेरित करते रहे। भारतीय जनसंचार संस्थान के पूर्व प्राध्यापक और वरिष्ठ पत्रकार प्रोफेसर प्रदीप माथुर और प्रोफेसर (डॉ.) नन्द किशोर त्रिखा की विशेष आभारी हूँ, समय-समय पर जिनके सुझाव और मार्गदर्शन मेरा पथ प्रशस्त करते रहे। माखनलाल चतुर्वेदी राष्ट्रीय पत्रकारिता एवं संचार विश्वविद्यालय, नोएडा परिसर के निदेशक और इंडिया टुडे के पूर्व एसोसिएट एडिटर श्री जगदीश उपासने का सहयोग कैसे भुलाया जा सकता है, जिन्होंने अपने संस्थान के पुस्तकालय का प्रयोग करने की अनुमति दी। आभार प्रोफेसर (डॉ.) मनोरमा त्रिखा का जो आई.एम.एस. नोएडा में एकेडेमिक एडवाइजर के रूप में और फिर बाद में भी निरन्तर मेरा उत्साहवर्धन करती रहीं। आकाशवाणी, दिल्ली के केन्द्र निदेशक श्री लक्ष्मी शंकर बाजपेयी और इन्दिरा गाँधी राष्ट्रीय कला केन्द्र, दिल्ली के मीडिया सेंटर के सलाहकार और पूर्व में दूरदर्शन में कार्यक्रम निदेशक डॉ. गौरी शंकर रैना की आभारी हूँ, जिन्होंने इस पुस्तक के विभिन्न अध्यायों के लिए मुझे आवश्यक सूचनाएँ उपलब्ध करायीं। अन्त में आभार अपने जीवनसाथी श्री महेश चन्द्र गुप्ता और पुत्र प्रद्योत का, घर में जिनके सहयोग के बिना पुस्तक लिखने के लिए समय निकाल पाना असम्भव था।

वाणी प्रकाशन के श्री अरुण माहेश्वरी ने जिस प्रकार इस पुस्तक के प्रकाशन में रुचि दिखाई, वह मेरे लिए उत्साहवर्धक था। वाणी प्रकाशन के प्रयासों से अब यह पुस्तक आपके हाथों में है। मुझे विश्वास है कि 'संचार और मीडिया शोध' पुस्तक मीडिया के छात्रों, शोधार्थियों और मीडियाकर्मियों के लिए उपयोगी सिद्ध होगी।

**डॉ. विनीता गुप्ता**
एसोसिएट प्रोफेसर
महाराजा अग्रसेन इंस्टीट्यूट ऑफ मैनेजमेंट स्टडीज,
रोहिणी, दिल्ली

# विषय सूची

अध्याय-1

# शोधः अर्थ, अवधारणा और उद्देश्य
# Research : Meaning, Concept and Objective

## शोध : एक परिचय

'शोध' शब्द का प्रयोग हम दैनिक जीवन में भले ही न करते हों, लेकिन इस प्रक्रिया से रोज़ ही गुज़रते हैं। शोध हमारे दैनिक जीवन का हिस्सा है। ज़रा सोचिए हम दिनभर में कितनी चीजों का विश्लेषण, आकलन और जाँच करते हैं और उसके बाद ही किसी निष्कर्ष पर पहुँचते हैं। आइए ज़रा नज़र डालें–

- कौन-से कपड़े पहने जाएँ?
- अपने लक्ष्य स्थान तक सही समय पर पहुँचने के लिए कब घर से निकलें?
- लक्ष्य स्थान तक पहुँचने के लिए कौन-सा रास्ता अपनाया जाए?
- सुबह नाश्ते में क्या खाया जाये कि दोपहर के भोजन तक भूख न लगे?

यह सूची बहुत लम्बी हो सकती है। यह सच है कि जब हम किसी भी निष्कर्ष पर पहुँचते हैं तो उससे पहले कई तरह की जाँच, परीक्षण करते हैं, पहले किये गये परीक्षणों के निष्कर्षों पर निर्भर करते हैं और विश्वास करते हैं। अर्थात् हम सब शोधकर्त्ता हैं। हम सूचनाएँ एकत्र करते हैं, परीक्षण करते हैं, नये और आसान तरीके खोजते हैं, कुछ नयी मान्यताएँ गढ़ते हैं, पूर्व निर्धारित मान्यताओं को तोड़ते हैं, किन्तु इन्हें शोध नहीं कहा जाता। तब 'शोध' क्या है? आइए जानें–

## शोध : अर्थ, अवधारणा और परिभाषा

'शोध' के लिए अंग्रेजी में 'रिसर्च' (Research) शब्द का प्रयोग किया जाता है। 'रिसर्च' मूल रूप से लैटिन के 'रि' (Re) अर्थात् दुबारा और 'सर्च' (Search) अर्थात् 'खोजना' से बना है। सामान्यतः शोध अर्थात् रिसर्च का अर्थ है, किसी उद्देश्य विशेष के लिए सूचनाएँ जुटाना।

अलग-अलग विद्वानों ने शोध को कुछ इस तरह परिभाषित किया है–

– "शोध एक दृष्टिकोण है, जाँच-परख का तरीका और मानसिकता है।"

**–रस्क**

– "नवीन ज्ञान की प्राप्ति के लिए किये गये व्यवस्थित प्रयत्न को हम शोध या अनुसन्धान कहते हैं।"

**–रैडमैन और मोरी**

— "किसी समस्या को हल करने के लिए व्यवस्थित ढंग से जाँच-पड़ताल करना और सूचनाएँ उपलब्ध कराना शोध है।"

**—इमोरी**

— "ज्ञान को खोजना, विकसित करना और सत्यापित करना शोध है।"

**—रूमेल**

— "किसी उपयुक्त और महत्त्वपूर्ण प्रश्न का व्यवस्थित और सटीक उत्तर खोजने के लिए वैज्ञानिक विधि से सूचनाओं को एकत्रित करने और उनकी व्याख्या करने की प्रक्रिया शोध है।"

**—क्लोवर और बाल्सले**

— "शोध, व्यवस्थित, वैज्ञानिक और तार्किक प्रक्रिया है, जिसका उद्देश्य नवीन सूचनाओं की खोज, उनका सत्यापन (Verification) और उसके कारणों और प्रभावित करने वाले सम्बन्धों की व्याख्या है। इसकी परिणति नवीन ज्ञान, अवधारणा और सिद्धान्त की खोज के रूप में होती है।"

**—प्रो॰ देवेश किशोर**

— "नियन्त्रित अवलोकन (Controlled Observation) के व्यवस्थित और तथ्यात्मक विश्लेषण और एकत्रीकरण को शोध के रूप में परिभाषित किया जा सकता है, जो हमें धारणाओं के सामान्यीकरण, सिद्धान्तों के विकास, घटनाओं के भावी स्वरूप और उन पर नियन्त्रण की दिशा देता है।"

**—जॉन डब्ल्यू. बेस्ट**

इन परिभाषाओं के अतिरिक्त शोध को कुछ इस तरह भी समझा जा सकता है—

— वैज्ञानिक पद्धति या वैज्ञानिक प्रणाली द्वारा सत्य की खोज, प्राप्त ज्ञान को कसौटी पर कसना या ज्ञान-प्राप्ति के लिए निरन्तर प्रयास करना शोध है।

— शोध, व्यवस्थित ज्ञान की खोज है।

— यह तथ्यों की खोज की ईमानदार, विवेकपूर्ण, बुद्धिमत्तापूर्ण और गहन प्रक्रिया है।

— यह अनजानी और जानी-पहचानी चीज की तलाश भी है।

— सुनियोजित और व्यवस्थित ढंग से आँकड़ों के एकत्रीकरण, विश्लेषण और व्याख्या द्वारा किसी समस्या के विश्वसनीय हल तक पहुँचने की प्रक्रिया शोध है।

— यह सूचना के एकत्रीकरण, वर्गीकरण और विश्लेषण का एक तरीका है, जो गुणात्मक भी हो सकता है और मात्रात्मक भी।

— शोध अवलोकन से शुरू होता है, जो एक ऐन्द्रिक प्रक्रिया है। यह हमें तथ्यों, सम्बन्धों और घटनाओं को जानने-समझने की अंतर्दृष्टि देता है।

— शोध का लक्ष्य 'सत्य का संधान' है।

— सोचने, विचारने की व्यवस्थित और परिशोधित तकनीक शोध है।

## शोध के उद्देश्य

शोध के कई उद्देश्य हैं—

- विद्यमान, अनजाने रहस्यों और तथ्यों को वैज्ञानिक विधि का प्रयोग करते हुए खोजना।
- ज्ञान का विस्तार करना।
- मानव समाज की समस्याओं को देख पाने की अन्तर्दृष्टि प्राप्त करना।
- परिस्थिति विशेष के कारणों को जानना।
- वर्तमान परिस्थितियों का अध्ययन करके भविष्य के संकेत ढूँढ़ना और उसके अनुसार रणनीति बनाने में सहायता करना।
- नये सिद्धान्त, परम्पराओं और मान्यताओं की स्थापना।
- प्रभावों और अन्तर्सम्बन्धों का अध्ययन करना।
- सामाजिक व्यवहार को नियन्त्रण करने के तरीके खोजना।
- पूर्व में किये गये शोध/अध्ययनों द्वारा स्थापित मान्यताओं और अवधारणाओं को कार्य रूप देना।
- मानव के आचार-व्यवहार का अध्ययन करने के लिए दिशानिर्देश तैयार करना।
- आँकड़ों के सुनियोजित और व्यवस्थित संग्रह, विश्लेषण और व्याख्या द्वारा किसी समस्या के विश्वसनीय हल तक पहुँचना।

इस सन्दर्भ में डॉ॰ (श्रीमती) पी॰वी॰ युंग (Pauline V. Young) द्वारा अपनी पुस्तक 'साइंटिफिक सोशल सर्वेज़ एंड रिसर्च' में सुझाये गये शोध के प्रेरक तत्त्वों का उल्लेख करना उचित होगा। उनके अनुसार शोध के लिए प्रेरित करने वाले चार तत्त्व हैं–

1. अज्ञात को जानने की जिज्ञासा– जिज्ञासा मानव मस्तिष्क की ऐसी मौलिक विशेषता है, जो उसे अपने आसपास को जानने-समझने के लिए उकसाती है।
2. मौजूदा गहन समस्या के कारणों और प्रभावों को जानने की इच्छा।
3. एक सामान्य व्यक्ति सामाजिक समस्या के प्रति भावुकतापूर्ण प्रतिक्रिया व्यक्त करता है लेकिन समाज विज्ञानी भावुकता से परे होकर उसके असली कारणों की खोज करता है और इस प्रकार गहन समस्या का हल खोज लेता है।
4. नया खोजने और पुरानी वैज्ञानिक प्रक्रियाओं/विधियों को जाँचने की इच्छा, जिससे कि उपयोगी और मौलिक ज्ञान प्राप्त किया जा सके। सामाजिक समस्याओं से निबटने के लिए बेहतर तकनीकें और विधियाँ विकसित करने के लिए इस तरह के अनेक शोध किये गये हैं। इस संचार शोध प्रक्रिया में मात्रात्मक (Quantitative) और सांख्यिकी विधियों के प्रयोग पर बल दिया जाता है ताकि इसे ज्यादा सुनिश्चित और वैज्ञानिक रूप दिया जा सके।

## शोध का महत्त्व

- शोध हमारे ज्ञान का विस्तार करता है।
- मानव समाज की समस्याओं के हल का रास्ता सुझाता है।
- शोध से तार्किक और समीक्ष्य दृष्टि मिलती है।
- विशेष परिस्थितियों में समस्या को समझने, अध्ययन करने का हुनर और तकनीक हम शोध से

सीखते हैं।

- शोध के बिना विकास और ज्ञान में वृद्धि सम्भव नहीं है।
- पेशेवर (प्रोफेशनल) प्रतियोगिता और वृद्धि के लिए हमें नये विचार सुझाता है।
- यह हमें अपने क्षेत्र के नवीनतम रुझान, घटनाक्रम से जोड़े रखता है।
- भविष्य को संजोते हुए रणनीति बनाने में मदद करता है।
- बदलती परिस्थितियों में तथ्यों की व्याख्या और पुनर्व्याख्या सिखाता है।

इस प्रकार हम देखते हैं कि शोध कई मायनों में हमें नवीनतम रुझानों से परिचित कराते हुए किसी समस्या को तार्किक रूप से समझने और उसे हल करने का एक महत्त्वपूर्ण तरीका है। अतः इसके महत्त्व को नकारा नहीं जा सकता।

## शोध के प्रकार

शोध मुख्यतः तीन प्रकार का होता है– 1. **मौलिक** (Basic) 2. **व्यावहारिक शोध** (Applied Research) 3. **क्रियात्मक शोध** (Action Research)। ये तीनों ही प्रकार महत्त्वपूर्ण हैं और मीडिया में तीनों प्रकार की शोध होती है। लागत और क्षेत्र की दृष्टि से भले ही इनमें अन्तर हो लेकिन इनमें समान विधियाँ और तकनीकें अपनायी जाती हैं।

### 1. मौलिक शोध (Basic Research)

इसे विशुद्ध या शैक्षिक (Academic) शोध भी कहा जाता है। इसका मूल लक्ष्य 'ज्ञान-प्राप्ति' के लिए ज्ञान की खोज है। इसमें नये सिद्धान्तों और मान्यताओं की स्थापना पर बल दिया जाता है और पुराने सिद्धान्तों और मान्यताओं में कुछ नया जोड़ने, उन्हें बदलने की कोशिश की जाती है। इसका मुख्य उद्देश्य शैक्षणिक होता है। मीडिया प्रभाव जानने के लिए यह उपयोगी मानी जाती है। मानव समाज को गहराई से जानने, उसकी कार्यप्रणाली को समझने और विभिन्न सामाजिक, सांस्कृतिक और आर्थिक परिस्थितियों में उसके व्यवहार और उसके पीछे छुपे कारणों का अध्ययन इस प्रकार के शोध का मुख्य उद्देश्य है। संचार के नये मॉडल विकसित करना भी मौलिक शोध के अन्तर्गत आता है।

यह जरूरी नहीं कि मौलिक शोध का तात्कालिक या व्यावहारिक मूल्य हो। मौलिक शोध कई बार इस मायने में भी उपयोगी सिद्ध हुआ है और नयी स्थितियों परिस्थितियों में तथा समस्याओं का हल खोजने में इस प्रकार के शोध से सहायता मिली है।

### 2. व्यावहारिक शोध (Applied Research)

ज्यादातर मीडियाकर्मी व्यावहारिक शोध की योजना बनाते हैं और अपना लक्ष्य पाने के लिए इसे एक महत्त्वपूर्ण उपकरण की तरह इस्तेमाल करते हैं। व्यावहारिक शोध के अन्तर्गत आते हैं–

– एक क्षेत्र विशेष के लोगों की मीडिया सम्बन्धी आदतें जानना।
– टेलिविजन पर दिखाये जाने वाले विज्ञापनों का बच्चों, महिलाओं या समाज के वर्ग विशेष पर प्रभाव।
– महिलाओं की जीवन शैली में अन्तर जानना।

व्यावहारिक शोध एक समयबद्ध कार्य है। और इस प्रकार का शोध करने वाले व्यक्ति को यह ध्यान में रखना चाहिए कि उसके शोध-निष्कर्षों का प्रयोग किसी निर्णय तक पहुँचने या समस्या को सुलझाने के लिए जल्दी से जल्दी किया जाना है।

### 3. क्रियात्मक शोध (Action Research)

क्रियात्मक शोध व्यावहारिक शोध का ही एक रूप है। किसी समुदाय, समूह या वर्ग विशेष में बदलाव लाने के लिए इस प्रकार का शोध किया जाता है। जैसा कि नाम से ही ज्ञात है, क्रियात्मक शोध में समुदाय, समूह या वर्ग विशेष के प्रतिभागियों को किसी कार्य विशेष जैसे– पढ़ने, देखने, सुनने, अध्ययन करने में शामिल करने के बाद उनकी सोच या कार्यशैली में आये परिवर्तन का क्रमबद्ध अध्ययन किया जाता है और उसके अनुसार निष्कर्ष पर पहुँचा जाता है। कार्यशालाओं का आयोजन, प्रेरक कक्षाओं, प्रवचनों, भाषणों आदि का आयोजन और उस दौरान व उसके बाद आये परिवर्तनों का अध्ययन क्रियात्मक शोध की प्रक्रिया है। इसमें प्रतिभागियों को क्रिया में शामिल किया जाता है। इसे अंग्रेजी में 'पार्टिसिपेटरी एक्शन रिसर्च' (PAR) भी कहा जाता है। इसमें शोधकर्ता का ध्यान प्रतिभागियों की क्रियाओं पर रहता है।

## शोध योजना

शोध योजना एक तरह से शोध का खाका यानी ब्लू प्रिंट है, जिसमें शोधकर्ता यह निर्धारित करता है कि किस प्रकार शोध समस्या (Research Problem) के हल तक पहुँचने के लिए वह आँकड़े जुटाएगा, किस प्रकार उनका विश्लेषण करेगा। यह शोध प्रक्रिया की तीसरी सीढ़ी है। शोध विषय और शोध समस्या या प्रश्न और इसके उद्देश्य निर्धारित करने के बाद शोध योजना तैयार की जाती है। शोध योजना तैयार करने से कुछ चीजें स्पष्ट हो जाती हैं–

- शोध का केन्द्र क्या है
- किस प्रकार के आँकड़े चाहिए
- उन्हें जुटाने की तकनीक क्या होगी
- आँकड़ों का स्रोत और क्षेत्र क्या होगा
- अध्ययन का भौगोलिक क्षेत्र (Universe) क्या होगा
- इसमें कितना समय लगेगा
- किन संसाधनों की आवश्यकता होगी
- कितना सैम्पल चाहिए
- आँकड़े जुटाने और उनके विश्लेषण की विधि क्या होगी
- और इस पूरे काम में कितना खर्च आएगा

इस प्रकार हम शोध योजना को आँकड़े जुटाने, मापने और उनके विश्लेषण के लिए पूर्व निर्धारित-समय खाका भी कह सकते हैं। किन्तु शोध अध्ययन को बेहतर बनाने के लिए नये विचारों और नयी स्थितियों में समय पर योजना में कुछ जोड़ा-घटाया या बदलाव भी किया जा सकता है। शोध योजना में शोध डिजाइन का विशेष महत्त्व है, जिसमें आँकड़े जुटाने और उनके विश्लेषण की स्थितियों का प्रबंधन किया जाता है। इसका उद्देश्य शोध प्रक्रिया को कम खर्च में पूरा कर लक्ष्य तक पहुँचना है।

## शोध डिजाइन

शोध डिजाइन के तीन मुख्य सोपान होते हैं–

### 1. अवलोकन सम्बन्धी (Observational)

इसका सम्बन्ध अध्ययन के दौरान प्रयोग की जाने वाली अवलोकन विधियों और स्थितियों से है।

### 2. सांख्यिकीय (Statistical)

यह डिजाइन का मात्रात्मक (Quantitative) और सांख्यिकीय आयाम है, जैसे कि अध्ययन के लिए सैम्पलजुटाने, उसकी विधि निर्धारित करने, सूचना के वर्गीकरण और विश्लेषण की तकनीक।

### 3. क्रिया/प्रचालन सम्बन्धी (Operational)

इस स्तर पर सैम्पल जुटाने, अवलोकन आदि की तकनीक और परिणाम तक पहुँचने के लिए उनकी व्याख्या का लेखा-जोखा तैयार किया जाता है।

ये तीनों सोपान एक-दूसरे पर निर्भर करते हैं। किसी भी एक सोपान से सम्बन्धी निर्णय का असर अन्य सोपानों पर भी पड़ेगा।

## शोध डिजाइन का महत्त्व और उपयोगिता

1. शोध डिजाइन एक तरह से पूरे शोध-कार्य का पूर्व-नियोजित खाका हे, जो शोधकर्त्ता के लिए समय-समय पर दिशा-निर्देश का काम करता है।
2. शोध-डिजाइन तैयार करने से शोधकर्त्ता को अपनी विशिष्ट चुनी हुई प्रक्रिया की कमियों का पता लग जाता है और वह उसी के अनुसार अपनी कार्यशैली की योजना बनाता है।
3. शोधकर्त्ता अपने अध्ययन के बेहतर निष्कर्ष प्रस्तुत कर सकता है।
4. यदि हमारे पास अपना शोध डिजाइन है तो हम बेहतर शोध-प्रस्ताव (Proposal) बना कर उसे दूसरों को टिप्पणी और आकलन के लिए दे सकते हैं, जिससे पूरे शोध अध्ययन की एक समग्र समीक्षा की जा सके।

## उपयोगिता

1. **समय की बचत**: एक अच्छा शोध डिजाइन शोधकर्त्ता को समय-प्रबन्धन में मदद करता है। इससे समय की बचत होती है और कार्य ज्यादा सुचारु रूप से, आसानी से हो जाता है। अगर शोध डिजाइन का सोपान दर सोपान अनुकरण किया जाये तो परीक्षणों या अनुमानों के अनुसार आगे बढ़ने में बर्बाद होने वाला समय बचाया जा सकता है।
2. **सटीक और परिशुद्ध आकलन में सहायता** : शोध डिजाइन तैयार करने से तमाम भ्रामक स्थितियों, अनिश्चितताओं और व्यावहारिक खतरों, परेशानियों से बचा जा सकता है।
3. **सम्बद्ध आँकड़ा संग्रह** : शोध डिजाइन तैयार कर लेने के बाद शोधकर्त्ता को यह अन्दाजा हो जाता है कि किस तरह के आँकड़े उसे कहाँ से मिल सकेंगे और वह उनका उपयोग इच्छित परिणाम पाने के

लिए कर सकेगा।

4. **बेहतर दस्तावेजीकरण (Better Documentation)** : सुविचारित शोध डिजाइन परियोजना या शोध अध्ययन के बेहतर ढंग से दस्तावेजीकरण यानी कि डॉक्यूमेंटेशन में मददगार साबित होता है। इससे न केवल शोधकर्त्ता का आत्मविश्वास बढ़ता है, बल्कि अध्ययन की प्रामाणिकता भी बढ़ती है।

## शोध डिजाइन के प्रकार

शोध डिजाइन का सम्बन्ध शोध-अध्ययन के व्यावहारिक संचालन की योजना से है। कोई भी कार्य सुचारु रूप से पूरा करने के लिए हम कई विधियाँ अपनाते हैं। शोध कार्य के लिए भी हम कुछ सुनिश्चित प्रकारों में से किसी एक को सावधानी से चुनते हैं। आइए शोधडिजाइन के विभिन्न प्रकारों की चर्चा करते हैं–

(1) प्रायोगिक (Experimental)

(2) अन्वेषणात्मक (Exploratory)

(3) वर्णनात्मक (Descriptive)

(4) अनुकरणात्मक (Simulation)

(5) देशान्तरिक-ऐतिहासिक (Longitudinal-Historical)

### (1) प्रायोगिक शोध डिजाइन (Experimental)

प्रायोगिक शोध को कारण और प्रभाव सम्बन्ध अध्ययन भी कहा जाता है। इसका लक्ष्य परिकल्पना (Hypothesis) को तथ्यों की कसौटी पर कसना है। इस प्रकार से किये जाने वाले अध्ययन में व्यक्तिगत पक्षपात की सम्भावना काफी कम हो जाती है, कारणों और प्रभावों का अनुमान बेहतर ढंग से लगाया जा सकता है।

प्रायोगिक शोध के साथ प्रो. आर.ए. फिशर का नाम जोड़ा जाता है। प्रो. फिशर ने पाया कि जब किसी बड़े खेत या प्लॉट को अलग-अलग टुकड़ों में बाँटकर उनमें कृषि-सम्बन्धी अलग-अलग प्रयोग किये गये तो उससे मिले परिणाम और अनुमान ज्यादा बेहतर थे। इस तथ्य से प्रेरित होकर उन्होंने प्रायोगिक शोध डिजाइन विकसित किया। इससे स्पष्ट हो जाता है कि यह विधि समूहों में किये जानेवाले अध्ययन पर आधारित है। इसके लिए दो समूहों की आवश्यकता होती है–प्रायोगिक समूह (Experimental Group) और नियन्त्रण समूह (Control Group)। प्रायोगिक समूह को प्रयोग करने दिया जाता है और फिर उसमें आये बदलावों को देखा जाता है जबकि नियन्त्रण समूह पर किसी तरह का प्रयोग नहीं किया जाता उसे ज्यों का त्यों रखा जाता है। प्रयोग पूरा होने के बाद दोनों समूहों की तुलना की जाती है और उसी आधार पर परिणाम खोजे जाते हैं। प्रयोग की सफलता के लिए प्रयोग से पहले यह जाँच लेना जरूरी है कि दोनों समूह सभी मायनों में समान हैं या नहीं। दोनों में हर मायने में समानता होना आवश्यक है।

**प्रायोगिक डिजाइन के पाँच प्रकार हैं :-**

1. बाद में — केवल
2. पहले — बाद में
3. एक्स — पोस्ट फैक्टो

4. पैनल स्टडी
5. क्वासी (Quasi) – प्रायोगिक

**पहले** प्रकार के प्रायोगिक डिजाइन में प्रयोग के बाद समूह या क्षेत्र का अध्ययन किया जाता है। इसमें प्रायोगिक और नियन्त्रण– दोनों समूह समान होते हैं। बाहरी तत्त्व दोनों को प्रभावित कर सकते हैं। लेकिन सिर्फ प्रायोगिक समूह को ही परिवर्तनीय (Variable) मानकर चला जाता है। प्रयोग पूरा होने के बाद दोनों समूहों की तुलना की जाती है। जैसे कि महिलाओं से सम्बन्धित विज्ञापनों के प्रसारण के बाद दोनों समूहों के विचारों का अध्ययन।

**दूसरे** प्रकार के डिजाइन में समूहों का प्रयोग से पहले और बाद में अध्ययन किया जाता है। दोनों समूहों में पूरी तरह समानताएँ और भिन्नताएँ मापने के बाद ही प्रयोग शुरू किया जाता है। एक्सपेरिमेंटल वैरिएबल को सिर्फ प्रायोगिक समूह पर लागू किया जाता है। प्रयोग के बाद मिलने वाले परिणाम को एक्सपेरिमेंटल वैरिएबल का प्रभाव कहा जाता है। इसमें एक से अधिक नियन्त्रण समूहों पर अध्ययन किया जा सकता है।

**तीसरे** प्रकार के डिजाइन में घटना हो जाने के बाद प्रयोग किया जाता है। इसमें शोध उपकरणों के तौर पर सर्वेक्षण और केस स्टडी का इस्तेमाल किया जाता है। एक्स-पोस्ट-फैक्टो शोध डिजाइन में वर्तमान के माध्यम से अतीत का अध्ययन किया जाता है। जैसे अगर कोई शोधकर्त्ता टेलिविजन के विकास का अध्ययन करता है तो उसे पूरी तरह ऐतिहासिक पक्ष पर ही निर्भर रहना होगा। टेलिविजन आने से पहले की स्थितियों का अध्ययन सम्भव नहीं है, क्योंकि घटना तो घट चुकी है। यहाँ शोधकर्त्ता को दो ऐसे स्थानों का चुनाव करना होगा, पहला जहाँ टेलिविजन पहले विकसित हुआ और दूसरा, जहाँ अभी नहीं हुआ। दोनों स्थानों में हर तरह से समानता होनी जरूरी है। दोनों की तुलना करने से टेलिविजन के विकसित होने के कारणों की जानकारी मिल जाएगी।

**चौथे** प्रकार के अध्ययन यानी कि पैनल स्टडी में प्रयोग के दौरान समय-समय पर नमूने लिए जाते हैं और बदलाव का या रुझान का आकलन किया जाता है। पैनल स्टडी में प्रश्नावली (Questionnaire), अनुसूची (Schedule) और साक्षात्कार द्वारा आँकड़े जुटाये जाते हैं। लोगों के बदलते रुझान को जानने के लिए विज्ञापन एजेंसियाँ, मीडिया संस्थान पैनल स्टडी का प्रयोग करते हैं, क्योंकि यह लोगों के व्यवहार और आदतों को जानने का सर्वश्रेष्ठ तरीका है।

**पाँचवें** शोध में अंग्रेजी के 'क्वासी' शब्द का अर्थ है 'एक' या लगभग 'वैसा ही' यानी कि प्रतिभासिक। यहाँ शोधकर्त्ता एक ही प्रायोगिक समूह पर निर्भर करता है। जैसे कि एक कक्षा के औसत परिणाम वाले विद्यार्थियों पर किया जाने वाला अध्ययन।

## 2. अन्वेषणात्मक शोध डिजाइन (Exploratory)

पहले से मौजूद सूत्र अथवा सिद्धान्त का और गहराई से अध्ययन करने के लिए अन्वेषणात्मक शोध डिजाइन का प्रयोग किया जाता है, इसलिए अंग्रेजी में इसे 'फॉर्म्यूलेटिव स्टडी' के नाम से भी जाना जाता है अर्थात् इसे सूत्रीकरण या सिद्धान्तीकरण भी कहा जा सकता है। माना जाता है कि यह शोध का

पहला पड़ाव है, जहाँ शोधकर्त्ता विषय को समझता है, क्षेत्र खोजता है, अवधारणा विकसित करता है, शोध के उद्देश्य निर्धारित करता है, परिकल्पना (Hypothesis) को अन्तिम रूप देता है और शोध की सीमाओं पर विचार करता है। इसका लक्ष्य विषय विशेष में गहन अन्तर्दृष्टि प्राप्त करना है। अन्वेषणात्मक शोध के लिए निम्नलिखित विधियों को अपनाना होता है–

(क) **साहित्य समीक्षा**–शोधकर्त्ता द्वारा चुने गये विषय से मिलते-जुलते विषय पर उपलब्ध शोध पत्रों, लेखों आदि के अध्ययन से उसे अपने विषय को अन्तिम रूप देने में मदद मिलती है। इस विधि का प्रयोग करते हुए आसानी से हाइपोथीसिस अर्थात् परिकल्पना तैयार की जा सकती है।

(ख) **सर्वेक्षण**–लगभग मिलते-जुलते विषय पर शोध कर रहे या पूर्व में कर चुके शोधकर्त्ताओं से साक्षात्कार और बातचीत के जरिये किये गये सर्वेक्षण से हमें बेहतर शोध डिजाइन की योजना बनाने में मदद मिलती है। इससे एक समझ भी विकसित हो जाती है कि शोध के दौरान क्या करना चाहिए और क्या नहीं। इससे समय और ऊर्जा की बचत होती है।

(ग) **केस स्टडी**–किसी विषय विशेष की तह तक जाने के लिए उसके प्रभावों और कारणों का जानना जरूरी होता है और यह केस स्टडी के जरिये आसानी से किया जा सकता है। यह गुणात्मक विश्लेषण है, जिसमें किसी एक इकाई के सभी आयामों पर ध्यान दिया जाता है। यह विधि तथ्यों को जानने और परिकल्पना विकसित करने में सहायक होती है।

## 3. वर्णनात्मक शोध डिजाइन (Descriptive Research Design)

किसी स्थिति, समूह या व्यक्ति विशेष की विशेषताएँ जानने के लिए वर्णनात्मक शोध डिजाइन अपनाया जाता है। इसका लक्ष्य वह जानकारी प्राप्त करना है जो अभी तक अज्ञात थी। प्रारम्भिक अवस्था में इसके उद्देश्यों का विस्तार से वर्णन करना होता है। इसमें संग्रहीत आँकड़े तथ्यात्मक, शुद्ध और व्यवस्थित होते हैं। वर्णनात्मक शोध डिजाइन में आँकड़ों का संग्रह तीन प्रकार से किया जाता है–

1. साक्षात्कार, प्रश्नावली और अनुसूची
2. दस्तावेज
3. सर्वेक्षण

आँकड़ों के लिए कौन-सा तरीका अपनाया जाये, यह अध्ययन के प्रकार पर निर्भर करता है। इसका सम्बन्ध हर उस चीज से है जिसका अध्ययन शोध के दौरान किया जाना है।

## 4. अनुकरण शोध (Simulation)

जब हम यथार्थ स्थितियों में शोध नहीं कर पाते तो हम अध्ययन के लिए कृत्रिम स्थितियाँ पैदा करते हैं। इसे हम अनुकरण अध्ययन कहते हैं जैसे मीडिया के बिना व्यक्तियों का जीवन कैसा होगा? यदि हमें यह अध्ययन करना है, तो हमें उस व्यक्ति-समूह को एक निश्चित समयावधि के लिए मीडिया से बिल्कुल दूर रखना होगा। यह स्थिति स्वाभाविक यथार्थ नहीं है, इसे हमें पैदा करना होगा। इसके लिए उन प्रतिभागियों के प्रशिक्षण की जरूरत होती है, जिन पर यह अध्ययन किया जाना है।

### 5. प्रतिभासिक/देशान्तरिक-ऐतिहासिक (Longitudinal-Historical)

यह पारस्परिक सम्बन्ध-अध्ययन का ही एक रूप है। इसमें विषय का ऊपर से नीचे के क्रम में या नीचे से ऊपर के क्रम में अध्ययन किया जाता है, इसीलिए इसे ऊर्ध्वाकार अध्ययन भी कहा जाता है। एक ही वैरिएबल का एक लम्बे समय तक अध्ययन करने के बाद निष्कर्ष निकाला जाता है। ऐतिहासिक सन्दर्भ में इसे एक उदाहरण से समझा जा सकता है। अगर शोधकर्त्ता को स्वातन्त्र्योत्तर भारत में पत्रकारिता पर अध्ययन करना है तो वह नीचे से ऊपर के क्रम में यानी 1947 से 1997 और ऊपर से नीचे के क्रम में 1997 से 1947 को केन्द्र बिन्दु मानकर अध्ययन कर सकता है।

**अच्छे शोध डिजाइन की विशेषताएँ**

एक अच्छे शोध डिजाइन की निम्नलिखित विशेषताएँ हो सकती हैं—

- जिस शोध के आँकड़ों और उनके विश्लेषण में कम-से-कम पूर्वाग्रह और ज्यादा-से-ज्यादा विश्वसनीयता की सम्भावना हो, उसे अच्छा शोध डिजाइन कहा जा सकता है।
- जिसमें किसी समस्या के बारे में अधिकाधिक सूचनाएँ और विविध आयाम शामिल हों।
- जिसमें कम से कम प्रायोगिक अशुद्धियों की सम्भावना हो।
- जिसमें शोध समस्या एक स्पष्ट वक्तव्य की तरह सामने आये।
- सूचना-संग्रह की तकनीक का स्पष्ट उल्लेख हो।
- व्यक्ति, समूह या विषय का स्पष्ट उल्लेख हो, जिन पर शोध किया जाना है।
- आँकड़ों के प्रसंस्करण (Processing) और विश्लेषण की विधि स्पष्ट हो।
- शोध-क्षेत्र (Universe) सुनिश्चित हो।
- अनुमानित बजट, आवश्यक सम्भावित मानव संसाधन और समय-सीमा का स्पष्ट उल्लेख हो।
- एक नज़र में शोध के लक्ष्य और उद्देश्य स्पष्ट करने में सक्षम हो।

## शोध के विविध क्षेत्र

मानव जीवन से जुड़े विभिन्न पहलुओं से सम्बन्धित विषय शोध-क्षेत्र के अन्तर्गत आते हैं जैसे— सामाजिक, आर्थिक, मनोवैज्ञानिक, भौतिक, चिकित्सकीय, ऐतिहासिक, पुरातात्विक, संचार सम्बन्धी आदि। मीडिया शोध और समाज-विज्ञान शोध का सम्बन्ध काफी गहरा है। दोनों में जहाँ काफी समानता है, वहीं भिन्नता भी है। इन भिन्नताओं और समानताओं का अध्ययन करना आवश्यक है।

## मीडिया शोध और सामाजिक शोध

### समानताएँ

- दोनों आँकड़ों के व्यवस्थित संग्रह और विश्लेषण पर निर्भर हैं।
- दोनों तथ्यात्मकता पर बल देते हैं।
- दोनों में आँकड़ों के संग्रह और विश्लेषण की विधि ज्यादातर एक जैसी होती है। जैसे मात्रात्मक और

गुणात्मक विधि।

- मीडिया के विभिन्न पहलुओं का अध्ययन करने के लिए समाज-विज्ञान की विभिन्न धाराओं जैसे समाज-शास्त्र, मनोविज्ञान, मानव-विज्ञान, अर्थशास्त्र की विधियों को अपनाया जाता है।
- मीडिया विशेषज्ञों और समाज-विज्ञानियों द्वारा किये गये कई शोध और अध्ययन एक-दूसरे के पूरक होते हैं।
- दोनों आधुनिक समाज को समझने में हमारी मदद करते हैं।

### भिन्नताएँ

- दोनों के उद्देश्य में अन्तर है। मीडिया शोध का लक्ष्य सामान्यतः लोगों पर मीडिया के प्रभाव और अपेक्षाओं को जानना है, जबकि समाज-विज्ञानियों की रुचि मानव के सामाजिक व्यवहार को समझने और उसकी व्याख्या करने में होती है।
- चूँकि समाज-विज्ञानी मुद्दों को समझने और उनका हल निकालने के लिए वैज्ञानिक रास्ता अपनाते हैं, इसलिए समस्या का तुरन्त हल नहीं मिल पाता। हालाँकि यह इस बात की जानकारी विस्तार से देता है कि समाज में क्या चल रहा है?
- मीडिया शोध हमारी सोच को प्रभावित करता है और इसमें लोगों के सोच की स्पष्ट झलक भी मिलती है। यह मीडिया कर्मियों, मीडिया संस्थानों, समूहों और जन नेताओं की भूमिका तय करने में महत्त्वपूर्ण मार्गदर्शक का काम करता है। इससे पता चलता है कि महत्त्वपूर्ण मुद्दे कौन-से हैं। यह जनमत-निर्माण या रणनीति बनाने में अहम् भूमिका निभाता है।

## मीडिया शोध की भूमिका

मीडिया शोध में विभिन्न जन संचार माध्यमों के सामाजिक, मनोवैज्ञानिक पहलुओं और उनके प्रभावों का अध्ययन किया जाता है। मीडियाकर्मी, मीडिया के नीति-निर्माता, रणनीतिकार और पत्रकारों की नज़र ऐसे शोध-निष्कर्षों पर रहती है, जो उन्हें और प्रभावी भूमिका निभाने में सहायता कर सके। मीडिया शोध का क्षेत्र काफी विस्तृत है। मीडिया से सम्बन्धित बहुत सारे प्रश्नों का उत्तर मीडिया शोध के माध्यम से ही मिल सकता है उसके अनुसार ही मीडियाकर्मी, मीडिया रणनीतिकार और मीडिया संस्थान अपने को प्रभावी बनाने की दिशा में कार्य करते हैं। मीडिया शोध के जरिये तमाम सवालों का जवाब जानने की कोशिश की जाती है। जैसे–

– एक माध्यम विशेष (समाचारपत्र, टेलीविजन, रेडियो, ऑनलाइन पत्रकारिता) पर लोग कितना समय खर्च करते हैं?
– क्या इससे लोगों के दृष्टिकोण में बदलाव आता है, यदि आता है तो कितना?
– क्या मीडिया विशेष के विपरीत प्रभाव पड़ रहे हैं?
– मीडिया के प्रयोगकर्त्ता क्या पढ़ना, सुनना, देखना या अनुभव करना चाहते हैं?
– किस प्रकार एक माध्यम विशेष लोगों को प्रभावी तरीके से सूचनाएँ और मनोरंजन पहुँचा सकता है?
– किस वर्ग और क्षेत्र के लोगों के लिए कौन-सा मीडिया प्रभावी हो सकता है?

- नये माध्यमों से, नये तरीके से सूचना या मनोरंजन की ग्राहयता की सम्भावना कहाँ हो सकती है?
- लोग मीडिया का उपयोग किस लिए करते हैं—सूचना पाने, मनोरंजन या शिक्षा के लिए।
- किस श्रेणी के लोग कौन सा मीडिया प्रयोग करते हैं और क्यों?
- लोगों के रुझान, रुचियों और मीडिया सम्बन्धी व्यवहार आदि का अध्ययन करने के लिए भी मीडिया शोध किया जाता है?
- मीडिया के विभिन्न माध्यमों द्वारा लोगों को अपनी ओर आकर्षित करने की होड़-सी लगी हुई। इस प्रतियोगिता में आगे रहने के लिए ये संचार माध्यम समय-समय पर शोध कराते हैं, या सम्बन्धित शोधों का सहारा लेते हैं क्योंकि मीडिया की अर्थव्यवस्था भी (विज्ञापन आदि) ज्यादा से ज्यादा लोगों को अपनी ओर आकर्षित करने पर टिकी हुई है।
- मीडिया संस्थान मीडिया शोध को लम्बे समय तक योजना बनाने के एक महत्त्वपूर्ण औजार की तरह इस्तेमाल करते हैं। यह प्रबंधन द्वारा लक्ष्य-प्राप्ति और नीति-निर्धारण का महत्त्वपूर्ण उपकरण सिद्ध होता है।
- शोध के दौरान संग्रहीत आँकड़े नीति-निर्धारण प्रक्रिया में महत्त्वपूर्ण भूमिका निभाते हैं।
- कार्यक्रम-निर्माता भी सम्बन्धित आँकड़ों के आधार पर कार्यक्रम की दिशा-निर्धारित करते हैं या कहानी को नया मोड़ देते हैं।

## मीडिया शोध के विविध आयाम

इस प्रकार हम देखते हैं कि मीडिया शोध का क्षेत्र बहुत विस्तृत है। इसे मुख्य रूप से पाँच भागों में बाँटकर देखा जा सकता है—

1. संचारक (Comunicator)/स्रोत विश्लेषण (Source Analysis)
2. सन्देश विश्लेषण/सामग्री विश्लेषण (Message/Content Analysis)
3. माध्यम विश्लेषण (Channel Analysis)
4. पाठक, श्रोता, दर्शक विश्लेषण (Audience Analysis)
5. प्रक्रिया, प्रभाव और दीर्घकालिक प्रभाव (Process Effect and Impact Analysis) का विश्लेषण

### 1. संचारक (Comunicator)/स्रोत विश्लेषण (Source Analysis)

संचारक यानी कि कम्युनिकेटर अपने आप में शोध का एक विषय है। एक अच्छे कम्युनिकेटर में कौन-सी खूबियाँ होनी चाहिए, इस प्रश्न का कोई सटीक उत्तर अभी तक नहीं खोजा जा सका है। संचारक वह व्यक्ति है, जो संचार की प्रक्रिया को अवधारणा से शुरू कर कार्य रूप प्रदान करता है। इस प्रक्रिया में वह सन्देश को लोगों के लिए ग्राह्य (Acceptable) बनाता है, उसे सही माध्यम (Channel) से लोगों तक पहुँचाता है, उचित भाषा का प्रयोग करते हुए फीडबैक प्राप्त करने की विधि विकसित करता है, ताकि यह पता लगाया जा सके कि सन्देश सही तरह से लोगों तक पहुँचा या नहीं।

संचारक या स्रोत-विश्लेषण के दो आयाम हैं—

(क) स्रोत के रूप में व्यक्ति

(ख) स्रोत के रूप में माध्यम

### (क) स्रोत के रूप में व्यक्ति

जब इस रूप में हम स्रोत के रूप में व्यक्ति की चर्चा करते हैं तो उसमें निम्नलिखित विशेषताओं का विश्लेषण किया जाता है—

- उसमें पाठक, दर्शक, श्रोता, माध्यम और सन्देश को पूरी तरह 'मैनेज' करने या 'हैंडल' करने यानी कि साधने के गुण होने चाहिए। अगर कोई बहुत विद्वान है, विषय का ज्ञाता है, लेकिन उसकी प्रस्तुति कमजोर है तो उसे अच्छा संचारक नहीं कहा जा सकता।
- उसमें सकारात्मक सोच के साथ धैर्य होना चाहिए ताकि वह सकारात्मक ढंग से सन्देश को लक्ष्य तक पहुँचा सके।
- जब तक स्रोत यानी संचारक को अपने विषय के बारे में स्पष्ट समझ-ज्ञान नहीं है, तब तक वह प्रभावी तरीके से सन्देश को लक्ष्य तक नहीं पहुँचा सकता। इसके लिए विषय का पूरा ज्ञान होना पहला मापदंड है।
- प्रभावी संचारक होने के लिए हमेशा यह बेहतर होता है कि वह उस समाज-व्यवस्था का हिस्सा हो। इससे सन्देश की विश्वसनीयता बढ़ती है। प्रभावी संचार-प्रक्रिया के लिए यह भी आवश्यक है कि संचारक को उन लोगों की संस्कृति का अच्छा ज्ञान हो, जिन तक सन्देश पहुँचाया जाना है।

### (ख) स्रोत के रूप में माध्यम (Channel)

संचार के अनेक माध्यम हैं—व्यक्तिगत, समूह से लेकर जन संचार (Masses) तक। मीडिया जनसंचार का एक माध्यम है। इसलिए इस विश्लेषण में हम रेडियो, टेलिविजन, समाचारपत्र और इंटरनेट को शामिल करते हैं।

शोध के दौरान इनका विश्लेषण करने के लिए निम्नलिखित विधियाँ अपनायी जाती हैं—

— सामग्री विश्लेषण

— प्रायोगिक अध्ययन

— सर्वेक्षण

**चैनल विश्लेषण के लिए आँकड़ों का संग्रह इन शोध उपकरणों द्वारा किया जा सकता है—**

— प्रश्नावली

— अनुसूची

— केस स्टडी

— रिकॉल

— स्केल

## 2. सन्देश विश्लेषण/सामग्री विश्लेषण (Message Analysis/Content Analysis)

संचार माध्यमों के ज़रिये बहुत सारे लोगों तक एक सन्देश एक ही तरह से पहुँचता है। यहाँ सन्देश सूचना के समान होता है। सन्देश का विश्लेषण निम्नलिखित तरीकों से किया जा सकता है—

- **सामग्री**—समाचारपत्र में सामग्री के रूप में समाचार, सम्पादकीय और आलेख होते हैं, जबकि टेलिविजन में समाचार, अन्य कार्यक्रम, धारावाहिक आदि। रेडियो में समाचार, वार्ता, रेडियो नाटक, फोन-इन

कार्यक्रम आदि।

- **अभिव्यक्ति (Expression) के तरीके**—मीडिया के जरिये सन्देश पहुँचाने के कई तरीके अपनाये जाते हैं, जैसे— शब्द, चित्र, कार्टून, हाव-भाव, और खामोशी आदि। जितने ज्यादा तरीके आप अपनाते हैं, उतने ही ज्यादा प्रभावी ढंग से आप सन्देश को अभिव्यक्त कर सकते हैं।
- **संरचना** प्रत्येक मीडिया के अनुसार सन्देश को अलग तरह से तैयार किया जाता है। समाचारपत्रों में समाचार उल्टे पिरामिड अकार में लिखे जाते हैं, जबकि रेडियो और टेलिविजन में ये क्षितिजाकार सपाट होते हैं।
- **ट्रीटमेंट**—सन्देश को इस तरह से डिजाइन किया जाता है कि उसे बेहतर ढंग से समझा जा सके और ग्राह्य हो। इसलिए इसे लोगों और माध्यम के अनुसार तैयार किया जाना चाहिए।
- **कोडिंग और डि-कोडिंग**—यह एक तकनीकी प्रक्रिया है, जिसमें कम्युनिकेटर सन्देश की कोडिंग करता है और उसे पाने वाला डिकोड। कोड शब्दों, चित्रों या ध्वनि के रूप में हो सकता है। रिसीवर उसे अपनी भाषा में डि-कोड कर समझने की कोशिश करता है। यदि रिसीवर सन्देश को सही तरह से डि-कोड नहीं कर पाता तो यह कम्युनिकेटर की असफलता है। इसके लिए कम्युनिकेटर को दोनों में माहिर होना चाहिए।

सन्देश विश्लेषण के लिए निम्नलिखित विधियाँ अपनायी जाती हैं—

— सामग्री विश्लेषण
— प्रायोगिक अध्ययन
— सर्वेक्षण

शोध उपकरण के तौर पर निम्नलिखित तरीके अपनाये जाते हैं—

— प्रश्नावली
— अनुसूची
— केस स्टडी
— रिकॉल

## 3. माध्यम विश्लेषण (Channel Analysis)

चैनल एक माध्यम या कहें कि उपकरण है, जिसके जरिये कम्युनिकेटर लोगों तक सन्देश पहुँचाते हैं।

**ऑडियो**—यहाँ माध्यम (Channel) सिर्फ ध्वनि पर आधारित होता है:

- रेडियो
- ऑडियो रिकॉर्डिंग
- वेब रेडियो
- वर्ल्ड स्पेस रेडियो
- हैम रेडियो

**वीडियो**—यह माध्यम सिर्फ दृश्यों पर आधारित है:

• वीडियो या मूक फिल्में
• फोटोग्राफ्स (छायाचित्र)
• ग्राफिक्स

**ऑडियो-वीडियो**

• टेलिविजन
• फिल्म
• ऑडियो-वीडियो कार्यक्रम
• ड्रामा (नाटक)
• टॉक शो
• कठपुतली शो (Puppet Show)
• रेडियो विजन

**इंटरैक्टिव चैनल**

• ऑडियो कॉन्फ्रेंसिंग
• वीडियो कॉन्फ्रेंसिंग
• टेलिफोन कॉन्फ्रेंसिंग

इसके लिए शोध विधियाँ हो सकती हैं—

• प्रायोगिक अध्ययन
• सर्वेक्षण

शोध उपकरण प्रयोग किये जाते हैं—

• प्रश्नावली
• अनुसूची
• केस स्टडी
• रिकॉल

## 4. पाठक, श्रोता, दर्शक विश्लेषण (Audience Analysis)

सन्देश को प्राप्त करने वाला पाठक, श्रोता, दर्शक होता है, जिसे अंग्रेजी में 'ऑडियंस' कहते हैं। सभी सन्देश 'ऑडियंस' के लिए ही तैयार किये जाते हैं और उस तक पहुँचाने की कोशिश की जाती है ताकि वह उसे ठीक से समझ सके, उसकी व्याख्या कर सके और उस पर कार्य कर सके।

अलग-अलग क्षेत्रों, समुदायों और संस्कृतियों के दर्शकों की सम्भावनाओं और क्षमताओं का विश्लेषण करना मुश्किल काम है, लेकिन इसका आकलन यदि इन आधारों पर किया जाये तो काम आसान हो सकता है—

1. संरचना
2. पहुँच और/उपलब्धता
3. जरूरतें

4. जीवन-शैली
5. विश्वसनीयता

**1. संरचना**—ऑडियंस की संरचना से अभिप्राय है उनकी जनसांख्यिकीय (Demographic) स्थिति। इसमें लिंग, नस्ल, आयु, असमर्थता (Disability), आवागमन (Mobility), घर का मालिकाना हक, रोजगार की स्थिति और आवास स्थल या क्षेत्र शामिल होते हैं। इसके अतिरिक्त संरचना के अन्य महत्त्वपूर्ण आयाम हैं—

- **सामाजिक स्तर**—भारत में सामाजिक स्तर को व्यक्ति की जाति, ज्ञान, शिक्षा से जाना जाता है।
- **संस्कृति**—संस्कृति में लोगों के विश्वास, मान्यताएँ, परम्पराएँ आदि आते हैं।
- **आर्थिक स्तर**—व्यक्ति की चल-अचल सम्पत्ति और आय से उसके आर्थिक स्तर को समझा जाता है। यह आर्थिक स्थिति पर निर्भर करता है कि उसके पास कौन-कौन से मीडिया होंगे।
- **भाषा-विज्ञान**—भाषा मानव-स्वभाव का केन्द्र-बिन्दु है। भाषा का अध्ययन व्यक्ति के जीवन-मूल्यों/व्यवस्थाओं को समझने में मदद करता है। इसलिए दर्शकों/श्रोताओं/पाठकों के भाषा-विज्ञान को समझना जरूरी है। इससे उसके स्वभाव और मान्यताओं को समझा जा सकता है।
- **शैक्षिक स्तर**—शैक्षिक स्तर व्यक्ति की अकादमिक योग्यता है, जबकि शिक्षा का सम्बन्ध संस्कृति और सामाजिक मूल्यों से ज्यादा है।
- **वैवाहिक स्तर**—इसका सम्बन्ध व्यक्ति की बदलती जरूरतों से है।

इनके अतिरिक्त व्यक्ति की धार्मिक मान्यताएँ, विचारधारा, मृत्युदर, जन्मदर, विस्थापन और व्यवहार भी ऑडियंस विश्लेषण का आधार हैं।

**2. पहुँच और उपलब्धता**—'पहुँच' यानी कि 'रीच' का सम्बन्ध मीडिया की कवरेज है जैसे कि भारत में रेडियो की पहुँच का आँकड़ा 99% है। इसका अर्थ है कि भारत के 99% भौगोलिक क्षेत्र में रेडियो के सिग्नल उपलब्ध हैं। उपलब्धता का अभिप्राय है कि यह मीडिया कितने लोगों तक पहुँचा है या पहुँच सकने में सक्षम है।

**3. जरूरतें**—किसी भी सूचना की स्वीकार्यता ऑडियंस की जरूरतों पर निर्भर करती है। आज के दौर में जहाँ तकनीकी संसाधनों की भरमार है, वहीं ऑडियंस के पास सूचना पाने के अनेक विकल्प मौजूद हैं। यदि हमें अपना सन्देश सफलतापूर्वक पहुँचाना है तो ऑडियंस की जरूरतों को समझना होगा।

**4. जीवन शैली**—लोगों की दैनिक जीवन शैली कैसी है, ऑडियंस विश्लेषण के लिए यह जानना जरूरी है। सन्देश को प्रभावी ढंग से पहुँचाने के लिए यह जानना होता है कि आडियंस के आराम या आनन्द के घंटे कौन से हैं, उनके काम के घंटे कौन से हैं और विशुद्ध मनोरंजन के लिए कौन-सा समय तय है। वह किस समय कुछ लिखना-पढ़ना या अतिरिक्त जानना पसन्द करते हैं। उनके ज्ञान और बौद्धिकता का स्तर क्या है?

**5. विश्वसनीयता**—स्रोत की विश्वसनीयता किसी भी सन्देश के स्वीकार और इनकार में महत्त्वपूर्ण भूमिका निभाती है। इसलिए सूचना का सूत्र जितना अधिक विश्वसनीय होगा, उतनी ही वह स्वीकार्य होगी।

ऑडियंस विश्लेषण के लिए प्रायोगिक अध्ययन और सर्वेक्षण शोध विधियों का प्रयोग किया जाता है।

शोध उपकरणों के तौर पर प्रश्नावली, अनुसूची और सामाजिक-आर्थिक स्तर माप का इस्तेमाल किया जाता है।

## 5. प्रक्रिया, प्रभाव और दीर्घकालिक प्रभाव

संचार प्रक्रिया में सन्देश को प्रभावी तरीके से लक्ष्य तक पहुँचाने के लिए अनेक माध्यमों यानी कि चैनलों का प्रयोग किया जाता है। इस प्रक्रिया में संचारक सन्देश का सरलीकरण (Simplify) करता है या बहुत जानी-पहचानी भाषा या शैली का प्रयोग करता है, उसे माध्यम के अनुरूप ढालता है, जैसे कि एक ही समाचार या घटनाक्रम का प्रस्तुतीकरण रेडियो, टेलिविजन, समाचारपत्र और ऑनलाइन माध्यम के लिए अलग-अलग तरह से होगा। इसे निम्न तालिका द्वारा समझा जा सकता है—

### प्रक्रिया, प्रभाव, दीर्घकालिक प्रभाव का अध्ययन

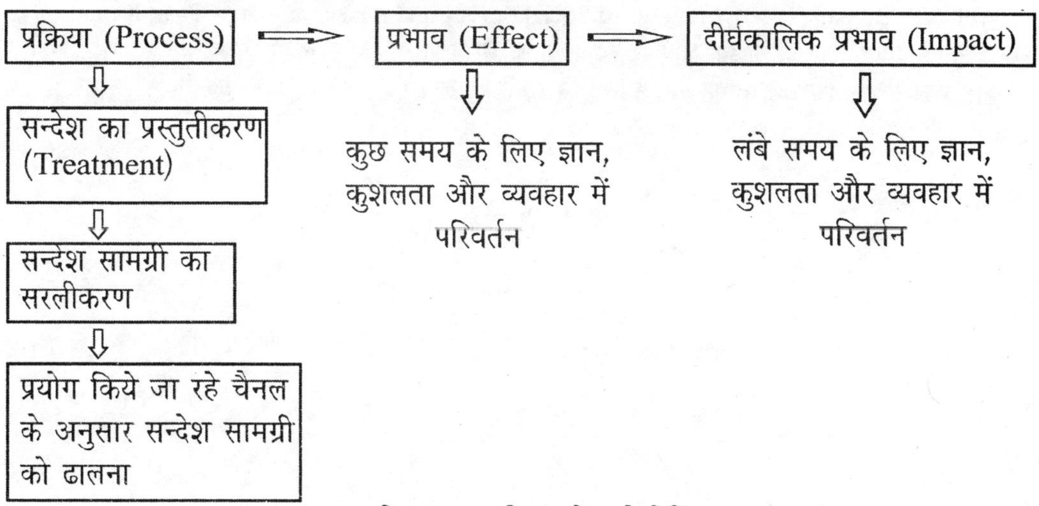


**चित्र 1.1 : प्रक्रिया शोध की विधि**

शोधकर्त्ता जब ऊपर दर्शायी गयी विधि से अध्ययन करता है तो इसे प्रक्रिया शोध (Process Research) कहते हैं।

प्रक्रिया शोध से गुज़रने के बाद हम पाते हैं कि जो सन्देश ऑडियंस तक पहुँचाया गया था, उसके कारण उनमें कुछ खास बदलाव दिखाई देने लगे हैं। जैसे कि उनके ज्ञान, कुशलता और व्यवहार में बदलाव आया है। कुल मिलाकर इसके कारण उनका स्वभाव बदल गया। यह प्रभाव शोध (Effect Research) है।

किसी विषय विशेष से जुड़े कारणों और प्रभावों को समझने के लिए दीर्घकालिक प्रभाव (Impact Research) शोध का सहारा लिया जाता है। इसके लिए विभिन्न स्रोतों से आँकड़ो का संग्रह किया जाता है। मीडिया शोध के सन्दर्भ में प्रभाव (कुछ समय के लिए) बाद में परिणाम (लम्बे समय के लिए) में बदल जाता है। उदाहरण के लिए मैगी नूडल्स का विज्ञापन लें। बेहद लुभाने वाले विज्ञापन का प्रभाव यह हुआ कि मैगी बच्चों की पसन्दीदा खाने की चीज बन गयी। कह सकते हैं कि उनकी आदत में शुमार हो गयी। यह प्रभाव के बाद का दीर्घकालिक प्रभाव था जो कि एक शोध के जरिये सामने आया। यह दीर्घकालिक प्रभाव शोध का उदाहरण है।

## सन्दर्भ


- Rager D. Wimmer, Joseph R. Dominick, (2011)– Mass Media Research : An Introduction (9th Edition), Cengage Learning, New Delhi
- Prof. (Dr.) Devesh Kishore, Handbook of Communication Research (2013), Makhanlal Chaturvedi National University of Journalism, Bhopal
- Barrie Gunter (2000), Media Research Methods, Sage, New Delhi
- Pauline V. Young (2010), Scientific Social Surveys and Research (4th Edition), PHI Learning, New Delhi
- Fred N. Kerlinger (2007), Foundation of Behavioural Research, 10th Edition : Surjeet Publication, Delhi
- P. Saravanavel (2006), Research Methodology, 17th Edition, Kitab Mahal, New Delhi
- Prof. S.R. Bajpai, (1960), Methods of Social Survey and Research, Kitab Ghar, Kanpur
- डॉ॰ मनोज दयाल (2010), मीडिया शोध (तृतीय संस्करण), हरियाणा साहित्य अकादमी, पंचकूला, हरियाणा
- ओम प्रकाश वर्मा (1973), सामाजिक अनुसन्धान (तृतीय संस्करण), सरस्वती सदन, दिल्ली

अध्याय-2

# शोध-दृष्टि और विधियाँ

# Research Approach and Methods

## शोध-दृष्टि

'अप्रोच'-अंग्रेजी के इस शब्द का अर्थ है—किसी ध्येय तक पहुँचने का तरीका या दृष्टि। चूँकि शोध विभिन्न प्रश्नों और समस्याओं का हल ढूँढ़ने का एक व्यवस्थित और वैज्ञानिक तरीका है, इसलिए हमें निष्कर्ष या हल तक पहुँचने के लिए एक रास्ता/दृष्टि, एक विधि अपनानी होती है। एक विधि विशेष अपनाते हुए शोधकर्त्ता आँकड़े जुटाता है, जैसे—प्रायोगिक, समाग्री विश्लेषण आदि।

शोध-विधि, जाँच-पड़ताल की एक वैज्ञानिक प्रक्रिया है। जबकि शोध-विषय के अनुरूप उसके लिए रास्ता चुनना शोध-दृष्टि (Research Approach) है। एक शोधकर्त्ता अपने प्रश्नों का हल जानने के लिए, समस्या के हल तक पहुँचने के लिए या अपनी परिकल्पना (Hypothesis) को जाँचने के लिए ऐतिहासिक, मानव-शास्त्रीय और समाज-शास्त्रीय दृष्टि अपनाता है। एक दृष्टि स्पष्ट हो जाने के बाद, शोध विधि अपनाना आसान हो जाता है। उदाहरण के लिए स्वतन्त्रता संग्राम का भारतीय समाज पर प्रभाव– इस विषय का अध्ययन करने के लिए हमें ऐतिहासिक दृष्टि अपनानी होगी। शोध विधि निर्धारित करने के बाद शोधकर्त्ता के सामने यह स्पष्ट हो जाता है कि वह कौन-से शोध-उपकरण प्रयोग करेगा।

मीडिया जनसंचार का एक माध्यम है। संचार शोध के लिए शोधकर्त्ता अनेक तरीके या दृष्टि अपनाता है, जैसे—**ऐतिहासिक, मानवशास्त्रीय, समाजशास्त्रीय दृष्टि**। दृष्टि स्पष्ट होने के बाद यह समझ आ जाता है कि हमें किस प्रकार के आँकड़े जुटाने हैं– मात्रात्मक (Quantitative) या गुणात्मक (Qualitative) या फिर मिश्रित अर्थात् दोनों ही प्रकार के।

### ऐतिहासिक दृष्टि (Historical Approach)

कहा जाता है कि बीता हुआ कल और आज हमारे आने वाले कल को प्रभावित करता है। हम अतीत से सीखते हैं और अतीत से ही आज और कल को जानने की कोशिश करते हैं। सुप्रसिद्ध नाटककार जॉर्ज बर्नाड शॉ ने एक बार कहा था—"यदि इतिहास अपने आप को दोहराता है, और अप्रत्याशित हमेशा घटता रहता है, तो मनुष्य पुराने अनुभवों से कुछ सीखने में अक्षम कैसे हो सकता है।" इतिहास की इसी महत्ता को ध्यान में रखते हुए अनेक दार्शनिकों, समाज विज्ञानियों और संचार व मीडिया शोधकर्त्ताओं ने शोध के लिए ऐतिहासिक दृष्टिकोण अपनाया है ताकि वे—

– समाज में सामाजिक-सांस्कृति और आर्थिक बदलावों को समझ सकें। बदलाव एक समयबद्ध प्रक्रिया है—

जिससे व्यक्ति, समूह और संस्थान, सभी गुजरते हैं और उस बदलाव का असर समाज पर भी होता है।

—इतिहास को देखने के व्यक्ति के नजरिये को समझ सकें। सिद्धान्तों, परम्पराओं, मान्यताओं और घटनाओं पर उनकी प्रतिक्रिया को जान सकें।

ऐतिहासिक दृष्टि को शोध के सभी क्षेत्रों और इम्पैक्ट स्टडी (दीर्घकालिक प्रभाव अध्ययन) के लिए प्रयोग किया जा सकता है। जहाँ तक संचार, मीडिया और पत्रकारिता की बात है तो ऐतिहासिक दृष्टि में—उद्भव, विकास, सिद्धान्त, व्यक्ति, आपदा और वृद्धि आते हैं। भारत में रेडियो और टेलिविजन के विकास के लिए हमें पहले प्रसारण से लेकर अब तक का अध्ययन करना होगा। अतः इसके लिए ऐतिहासिक दृष्टि ही अपनानी होगी। इसी प्रकार भारत में समाचारपत्रों का उद्भव और विकास ऐतिहासिक दृष्टि से ही जाना जा सकता है।

**ऐतिहासिक दृष्टि के लिए आँकड़ा-संग्रह के स्रोत–**

ऐतिहासिक दृष्टि अपनाने वाले शोधकर्त्ता को आँकड़ों का संग्रह करने के लिए निम्नलिखित स्रोतों पर निर्भर रहना होता है–

- **दस्तावेज और अन्य ऐतिहासिक स्रोत**–शोधकर्त्ता घटनाओं और कारणों की पुष्टि के लिए प्रत्यक्ष रूप से दस्तावेजों को खँगाल सकता है। अध्ययन के दौरान किसी सूचना के न होने पर उसे पुराने दस्तावेजों से हासिल किया जा सकता है।
- **सांस्कृतिक और अन्य सामग्री**–इस प्रकार की सामग्री का स्रोत पुस्तकालय, संग्रहालय और अभिलेखागार हो सकते हैं। सांस्कृतिक प्रक्रिया का अध्ययन करने के लिए ये महत्त्वपूर्ण स्रोत हो सकते हैं।
- **प्रामाणिक पर्यवेक्षकों (Observers) के निजी स्रोत**–निजी स्रोतों में डायरी, आत्मकथाएँ, गुप्त अभिलेखागार, छुपे हुए राजनयिक अनुबन्ध, चिट्ठियाँ आदि शामिल होते हैं।

**ऐतिहासिक दृष्टि के लाभ–**

- अतीत का विस्तृत विवरण मिलता है।
- सामाजिक शक्तियों की जटिलताओं को समझने में मदद मिलती है।
- वर्तमान में विद्यमान रुझान या समस्याओं की पुष्टि का एक महत्त्वपूर्ण माध्यम है।
- विभिन्न क्षेत्रों जैसे– शैक्षिक, मनोवैज्ञानिक, आर्थिक, धार्मिक, राजनीतिक सिद्धान्तों के बीच अंतर्सम्बन्ध स्थापित करने में मदद मिलती है, जिससे समाज की जटिलताओं को आसानी से समझा जा सकता है।

## मानव-शास्त्रीय दृष्टि (Anthropological Approach)

शोध की एन्थ्रोपोलॉजिकल एप्रोच की मानव-शास्त्रीय दृष्टिकोण पर विचार करने से पहले हमें यह समझना होगा कि मानव शास्त्र आखिर है क्या? दरअसल मानव, उसके विकास, प्रथाओं, परम्पराओं और विश्वासों का अध्ययन मानव-विज्ञान के अन्तर्गत किया जाता है। इसके अतिरिक्त मानव समाजों का तुलनात्मक अध्ययन और पर्यावरण सम्बन्धी अध्ययन भी मानव-शास्त्र के अन्तर्गत आता है। मानव-शास्त्र का सम्बन्ध मानव के मूल, उसके आपसी सम्बन्धों, भिन्नताओं, समानताओं और विकास क्रम में होने वाले, शारीरिक और जैव-विज्ञानी परिवर्तनों से है।

मीडिया शोध में सामाजिक और सांस्कृतिक पक्षों पर ज्यादा ध्यान दिया जाता है। सामाजिक मानव-शास्त्र में मानव के सामाजिक, आर्थिक, राजनीतिक, कानूनों और संघर्षों, धर्म और प्रतीकों पर ज्यादा जोर दिया जाता

है, जबकि सांस्कृति मानव-शास्त्र में व्यक्ति या व्यक्ति समूह के आचार, व्यवहार और विचारों के अन्तर्सम्बन्धों का अध्ययन करने का प्रयास किया जाता है।

मानव-शास्त्रीय शोध-दृष्टि में आँकड़ा/सूचना संग्रह के लिए अवलोकन और साक्षात्कार तकनीक को अपनाया जाता है। सिर्फ सतही अवलोकन ही इसमें काफी नहीं होता बल्कि समुदाय विशेष की संस्कृति को पूरी संवेदनशीलता के साथ समझना होता है। इसके लिए शोधकर्त्ता का अनुभवी होना जरूरी है। मानवशास्त्रीय अध्ययन का एक महत्त्वपूर्ण पहलू यह है कि इसमें सम्पूर्ण विवरण की आवश्यकता होती है, अर्थात् मनोवैज्ञानिक, आर्थिक, राजनीतिक और सामाजिक, सांस्कृतिक, ऐतिहासिक आदि। किसी व्यक्ति या समूह का सर्वांग अध्ययन करने के लिए इन सभी पहलुओं को एक-दूसरे से जोड़कर ही अध्ययन किया जाता है। उदाहरण के लिए एक शोधकर्त्ता ने पिछड़े मुस्लिम क्षेत्र में सर्वेक्षण के दौरान प्रश्न किया कि वे परिवार नियोजन क्यों नहीं अपनाते? तो उत्तर मिला कि– 'ऐसा करना पाप है', 'बच्चे खुदा की नेमत हैं।' 'ज्यादा बच्चे उनके सामाजिक स्तर को बढ़ाते हैं।' इन सभी उत्तरों से उस समुदाय विशेष की मान्यताओं, धार्मिक विश्वासों, जीवन-मूल्यों और सामाजिक स्तर की अवधारणाओं का पता चलता है।

### समाज-शास्त्रीय दृष्टि (Sociological Approach)

शोध की समाज-शास्त्रीय दृष्टि में सामाजिक व्यवहार का अध्ययन किया जाता है। इस अध्ययन के दौरान समाज के उद्भव, विकास, उसके संगठन और उसकी विभिन्न संस्थाओं पर ध्यान केन्द्रित किया जाता है। यह समाज-शास्त्र का एक अंग है, जिसमें अनुभवजन्य खोज (Empirical Investigation) और सूक्ष्म व आलोचनात्मक विश्लेषण विधियों को अपनाया जाता है। ताकि समाज में नियमों, अव्यवस्थाओं, परिवर्तनों का अध्ययन कर इनसे सम्बन्धित ज्ञान अर्जित किया जा सके। अनेक समाज-शास्त्रियों का इस तरह के अध्ययन का लक्ष्य होता है, उन तथ्यों की खोज जो प्रत्यक्ष रूप से समाज नीतियों के निर्धारण और समाज कल्याण में सहायक हो सकें। कुछ समाज-शास्त्रियों का लक्ष्य सामाजिक प्रक्रिया के सैद्धान्तिक पक्ष को परिष्कृत करना होता है। इस प्रकार के अध्ययन का दायरा सूक्ष्मतम (Micro) स्तर पर किसी निजी एजेंसी और बृहद् (Macro) स्तर पर समाज-व्यवस्था और सामाजिक ढाँचे से जुड़ा हो सकता है। पारम्परिक तौर पर समाज-शास्त्रीय अध्ययन में सामाजिक वर्गीकरण, समाज में आवागमन, धर्म, धर्मनिरपेक्षता, कानून, लैंगिकता आदि विषय शामिल होते हैं।

## शोध-विधि (Research Methodology)

शोध के लिए अनेक विधियाँ अपनायी जाती हैं। शोधकर्त्ता अपनी सुविधा से उस विधि का चुनाव करता है जो उसके शोध के अधिक अनुकूल होती है। कई बार एक ही शोध के लिए दो या अधिक विधियाँ भी अपनायी जाती हैं। मोटे तौर पर सभी विधियाँ मात्रात्मक या गुणात्मक में बाँटी जा सकती हैं। यहाँ हम शोध प्रक्रिया में अपनायी जाने वाली कुछ विधियों की चर्चा करेंगे–

1. जनगणना (Census)
2. केस स्टडी (Case Study)
3. सामग्री विश्लेषण (Content Analysis)
4. केन्द्रित समूह अध्ययन (Focused Group Study)
5. सर्वेक्षण (Survey)

6. अवलोकन (Observation)
7. साक्षात्कार (Interview)
8. विचार-विमर्श (Discussions)

## 1. जनगणना (Census)

जनगणना विधि में शोध-क्षेत्र (Universe) की पूरी जनसंख्या (Population) का अध्ययन किया जाता है। यह मूल रूप से मात्रात्मक (Quantitative) तरीका है। इसमें यूनिवर्स की प्रत्येक इकाई का अध्ययन किया जाता है। इसमें शोधकर्त्ता नमूनों (Samples) पर निर्भर नहीं रहता। इस विधि द्वारा यूनिवर्स की जनसांख्यिकीय (Demographic) विशेषताओं की पूरी जानकारी प्राप्त की जा सकती है। इसकी विशेषता यूनिवर्स का सम्पूर्णता में अध्ययन है। इस विधि से शोध करने में समय और खर्च दोनों ही ज्यादा लगता है। इसके लिए मानव संसाधन भी ज्यादा चाहिए। यही कारण है कि मीडिया शोध में यह विधि कभी-कभार ही अपनायी जाती है।

## 2. केस स्टडी (Case Study)

केस स्टडी का सम्बन्ध किसी व्यक्ति, समूह संगठन, संस्था या घटना के बारे में गहन अध्ययन करने से है। इस विधि में किसी एक या अनेक घटनाओं का अध्ययन किया जाता है। पी. वी. युंग के अनुसार, "केस स्टडी किसी सामाजिक इकाई को खँगालना या उसका विश्लेषण करना है, यह इकाई एक व्यक्ति हो सकता है, एक परिवार, एक संस्थान, एक सांस्कृतिक समूह, यहाँ तक कि एक पूरा समुदाय भी हो सकता है। इसका उद्देश्य इकाई विशेष के जटिल व्यवहार और तौर-तरीकों को समझना, उसके कारणों और प्रभावों के बीच अन्तर्सबन्धों को खोजना है।" यह गुणात्मक (**Qualitative**) विधि है।

केस स्टडी विधि में आमतौर पर व्यक्तिगत साक्षात्कारों, सामान्य साक्षात्कारों अथवा दस्तावेजों (व्यक्तिगत, आधिकारिक, पत्र-व्यवहार, आदि) के आधार पर आँकड़े जुटाये जाते हैं। अन्य विधियों में जहाँ सामान्य पहलुओं का अध्ययन किया जाता है, वहीं केस स्टडी विधि में ईकाई के भावनात्मक, मनोवैज्ञानिक पहलू पर भी ध्यान दिया जाता है। इसमें संख्या की बजाय गहन विश्लेषण पर बल दिया जाता है। इस विधि की कुछ अन्य विशेषताएँ इस प्रकार हैं –

- चूँकि सूचनाएँ समग्रता में जुटायी जाती हैं, इसलिए समस्या के समाधान में आसानी होती है।
- इसमें असली जिन्दगी, स्थितियों के किसी एक पहलू विशेष, स्थितियों विशेष में अध्ययन किया जाता है।
- केस स्टडी विषय का विस्तृत विवरण प्रस्तुत करती है।
- इससे परिकल्पना (Hypothesis) निर्धारित करने में बहुत मदद मिलती है।
- कोई समस्या कैसे पैदा हुई या कोई घटना कैसे घटी, यह जानने के लिए केस स्टडी विधि का प्रयोग किया जाता है।
- इस विधि से अध्ययन करने से शोधकर्त्ता के निजी अनुभव का विस्तार होता है।
- इस विधि से प्राप्त आँकड़ों का संक्षिप्तीकरण, वर्गीकरण और सामान्यीकरण (Generalisation) आसान नहीं होता।

– इस विधि में पूर्वाग्रह (Unbias) होने की सम्भावनाएँ कम रहती हैं।
– इसमें लम्बी अवधि तक किसी एक विषय का गहन अध्ययन किया जाता है।

## 3. सामग्री विश्लेषण (Content Analysis)

सामग्री विश्लेषण के अन्तर्गत सिर्फ मुद्रित या प्रकाशित सामग्री ही नहीं आती, बल्कि दृश्य (Visual), श्रव्य (Audio) और मीडिया में संचार के लिए प्रयोग होने वाले प्रतीकों का अध्ययन भी शामिल होता है। आजकल तो ट्विटर, फेसबुक, वाट्सएप आदि सोशलमीडिया की सामग्री का विश्लेषण भी शोधकर्त्ताओं के प्रिय विषय हैं। सामग्री-विश्लेषण वह शोध-विधि है, जिसमें शोधकर्त्ता लिखी गयी, बोली गयी और दिखाई गयी सामग्री का विश्लेषण करता है। यह एक व्यवस्थित विधि है, जिसका आधार उद्देश्यपरक, अनुभवजन्य (Empirical), मात्रात्मक और गुणात्मक आँकड़े हैं।

बर्नार्ड बेरलन्सन ने सामग्री विश्लेषण को संचार-सामग्री का वैज्ञानिक विवरण (Scientific Description) बताया है।

प्रो. ब्रज किशोर कुठियाला के अनुसार, "मौखिक, प्रकाशित, श्रव्य और दृश्य सूचनाओं की, सन्दर्भ विशेष में वैज्ञानिक प्रक्रिया द्वारा गुणात्मक और मात्रात्मक जाँच-पड़ताल, सामग्री विश्लेषण है।" इस सन्दर्भ में हैराल्ड लासवेल के फार्मूले को देखा जा सकता है– किसने, क्या, किससे, किस माध्यम से, कितने प्रभावी ढंग से कहा। सामग्री विश्लेषण को सन्देश विश्लेषण भी कहा जाता है। किन्तु सामग्री विश्लेषण सिर्फ मीडिया की सामग्री तक ही सीमित नहीं है। इसमें लासवेल के फार्मूले के अनुसार–किसने (स्रोत), किसे (दर्शक, पाठक, श्रोता), माध्यम और प्रभाव का अध्ययन भी किया जाता है।

इसे कुछ उदाहरणों के माध्यम से समझा जा सकता है–

- एक समाचार-पत्र में विज्ञापनों को कितना स्थान दिया गया।
- समाचार-पत्र विशेष में अपराध सम्बन्धी समाचारों को कितना स्थान दिया गया।
- टेलिविजन समाचार चैनल के कुल प्रसारण समय में कितना-कितना समय समाचारों, सामयिक विषयों पर आधारित कार्यक्रमों, मनोरंजन और विज्ञापनों को दिया जाता है।
- ग्रामीण विकास सम्बन्धी समाचारों को समाचारपत्र में कितना महत्त्व दिया जाता है।
- आकाशवाणी से प्रसारित होने वाले समाचार बुलेटिनों में सत्ता पक्ष और विपक्ष को दिये गये समय का अनुपात क्या है?

इस प्रकार कहा जा सकता है कि सामग्री विश्लेषण संचार के किसी भी माध्यम द्वारा प्रेषित सामग्री का विश्लेषण है, जिसका उद्देश्य सामग्री की गुणवत्ता, उपयोगिता, रुचिपूर्णता और प्रेरकता का अध्ययन करना है। इसमें किसी भी प्रकार की लिखित सामग्री जैसे–साहित्य, लेख, फीचर, जर्नल, ब्रॉशर, परचे, पोस्टर आदि आ सकते हैं। सुनी जा सकने वाली सामग्री जैसे–रेडियो कार्यक्रम, संगीत, लोक संगीत, भाषण-व्याख्यान आदि। देखी जा सकने वाली सामग्री जैसे–टेलिविजन कार्यक्रम, फिल्म, नाटक, ड्रामा आदि।

सामग्री विश्लेषण ज्यादातर मात्रात्मक होता है, कभी-कभी गुणात्मकता पर भी ध्यान दिया जाता है। कुछ अध्ययनों में गुणात्मक और मात्रात्मक दोनों ही प्रकार के आँकड़े जुटाये जाते हैं।

## सामग्री-विश्लेषण की विधि

सामग्री-विश्लेषण के लिए खास तरह की विधि (Methodology) अपनानी होती है। इस विधि को एक चित्र और उदाहरण के माध्यम से समझा जा सकता है—

शोध प्रश्न

⇩

स्रोत की पहचान

⇩

उद्देश्य और परिकल्पना का निर्धारण

⇩

शोध क्षेत्र (Universe) का निर्धारण

⇩

शोध क्षेत्र की सैम्पलिंग

⇩

वर्गीकरण

⇩

विश्लेषण का पैमाना

⇩

संकेतीकरण (Coding)

⇩

विश्लेषण

⇩

निष्कर्ष और व्याख्या

⇩

सुझाव और आशय (Suggestions and Implications)

**चित्र 2.1 : सामग्री विश्लेषण के विभिन्न चरण**

*स्रोत : हैंडबुक ऑफ कम्युनिकेशन रिसर्च*

**1. शोध प्रश्न**–दो दैनिक समाचारपत्रों में प्रकाशित अपराध समाचारों का अध्ययन : एक महीने के समाचारपत्रों की सामग्री का विश्लेषण। यह शोध प्रश्न है।

**2. स्रोत की पहचान**–अध्ययन के स्रोत हिन्दी के दो प्रमुख समाचारपत्र 'दैनिक जागरण' और 'नवभारत टाइम्स' के दिल्ली संस्करण हैं। (1 मार्च से 31 मार्च तक)

**3. उद्देश्य और परिकल्पना का निर्धारण**

अध्ययन के मुख्य उद्देश्य हैं–

(i) दोनों समाचारपत्रों में प्रकाशित अन्य समाचारों और अपराध समाचारों का अनुपात ज्ञात करना।

(ii) दोनों समाचारपत्रों में प्रकाशित अपराध समाचारों की तुलना।

(iii) अपराध समाचारों में भी समाचारों का वर्गीकरण कर यह ज्ञात करना कि किस अपराध के समाचारों को प्रमुखता दी गयी है, जैसे– हत्या, लूटपाट, बलात्कार, यौन-दुष्कर्म आदि।

**परिकल्पना**

(i) 'दैनिक जागरण' की अपेक्षा 'नवभारत टाइम्स' में अपराध समाचारों को ज्यादा स्थान दिया जाता है।

(ii) दोनों समाचारपत्रों में अन्य समाचारों की अपेक्षा अपराध समाचारों को कम स्थान दिया जाता है।

**4. शोध क्षेत्र का निर्धारण**–प्रतिदिन प्रकाशित होने वाले दोनों समाचारपत्र (दैनिक जागरण, नवभारत टाइम्स) जो कि दिल्ली और राष्ट्रीय राजधानी क्षेत्र में उपलब्ध हैं।

**5. शोध क्षेत्र की सैम्पलिंग**–पूरे वर्ष में से किसी एक महीने के दोनों समाचारपत्रों के सभी अंकों की सामग्री का चुनाव।

**6. वर्गीकरण**–विश्लेषण-प्रक्रिया को आसान बनाने के लिए सामग्री का विभाजन वर्गीकरण है। सामग्री विश्लेषण में यह बहुत महत्त्वपूर्ण चरण है, क्योंकि इससे सामग्री को अलग-अलग और सही श्रेणियों में रखने में मदद मिलती है। दोहराव को रोका जा सकता है। यह वर्गीकरण वैरियेबल का संकेत देता है।

पूरी विषय सामग्री का अध्ययन करने के बाद उसे श्रेणियों में बाँटना आसान होता है। वर्गीकरण विस्तार से और सम्पूर्णता में होना चाहिए। उसमें दोहराव और अस्पष्टता नहीं होनी चाहिए। एक महीने के दो समाचारपत्रों में अपराध समाचारों का अध्ययन करने के लिए निम्नलिखित श्रेणियाँ बनायी जा सकती हैं–

(क) हत्या सम्बन्धी समाचार

(ख) बलात्कार सम्बन्धी समाचार

(ग) यौन उत्पीड़न सम्बन्धी समाचार

(घ) लूटपाट के समाचार

(ङ) डकैती के समाचार

(च) महिलाओं पर तेजाब फेंकने के समाचार

(छ) रोडरेज के समाचार

(ज) चोरी के समाचार

**7. विश्लेषण का पैमाना**–यहाँ शोधार्थी को विचार करना होता है कि वह सामग्री विश्लेषण के लिए क्या मापदंड यानी कि क्या पैमाना अपनाएगा। मीडिया शोध में आमतौर पर विश्लेषण का पैमाना दो प्रकार का होता है–

1. शब्दों के आधार पर (रेडियो/टेलिविजन/समाचारपत्र)

2. सामग्री विशेष द्वारा घेरे गये पूरे स्थान के आधार पर जो कि वर्ग सेंटीमीटर में होगा। (समाचारपत्र में)

3. सामग्री विशेष को दिये गये समय के आधार पर। (रेडियो/टेलिविजन में)

विषय सामग्री विश्लेषण के लिए समाचारपत्र में लेखों, साक्षात्कारों, समाचार, फीचर, विकास सम्बन्धी समाचारों, राजनीतिक समाचारों, अर्थ समाचारों, खेल समाचारों आदि को लिया जा सकता है। रेडियो (आकाशवाणी) में प्रसारित होने वाली वार्त्ताओं, वर्ग विशेष के लिए प्रसारित होने वाले कार्यक्रमों जैसे—महिलाओं, बच्चों, ग्रामीण महिलाओं, परिचर्चाओं, विद्यार्थियों, फौजी भाइयों के लिए कार्यक्रम, फिल्मी गीतों, लोक गीतों, शास्त्रीय संगीत आदि का विश्लेषण किया जा सकता है। टेलिविजन समाचार चैनल में इसी प्रकार विभिन्न विषयों से सम्बन्धित समाचारों, परिचर्चाओं, वृत्तचित्रों आदि का अध्ययन किया जा सकता है। मीडिया में सामग्री विश्लेषण मात्रात्मक (Quantitative) और गुणात्मक (Qualitative) दोनों आधार पर किया जा सकता है।

**8. संकेतीकरण (Coding)**—एक बार जब विश्लेषण का मापदंड निर्धारित कर लिया, उसके बाद हर इकाई को एक कोड अर्थात् संकेत देना आवश्यक है। इससे हर इकाई को क्रम से रखने और उसकी गणना करने में आसानी होगी। ये कोड बहुत सोच-समझकर दिये जाने चाहिए ताकि वे शोध-विषय से मेल खा सकें। विश्लेषण की इकाई के अनुसार कोडिंग के कई रूप हो सकते हैं—

**(क) समयावधि विशेष में हुए घटनाक्रम से सम्बन्धित समाचारों की संख्या**—विषय विशेष से सम्बन्धित समाचारों को दिये गये स्थान को वर्ग सेंटीमीटर में नापकर इस प्रकार तालिका में प्रस्तुत किया जा सकता है। हम यहाँ अपराध समाचारों के विश्लेषण का उदाहरण लेंगे—

| पृष्ठ संख्या | नवभारत टाइम्स में प्रकाशित अपराध समाचारों की संख्या | (1 मार्च) दिया गया स्थान (वर्ग सें.मी. में) | दैनिक जागरण में प्रकाशित अपराध समाचारों की संख्या | (1 मार्च) दिया गया स्थान (वर्ग सेंटीमीटर में) |
|---|---|---|---|---|
| 1 | 1 | 15 | 2 | 30 |
| 2 | 2 | 10 | 2 | 40 |
| 3 | 5 | 50 | 3 | 45 |
| 4 | 1 | 20 | 1 | 10 |
| 5 | 2 | 18 | - | - |
| 6 | - | - | 1 | 8 |
| 7 | - | - | - | - |
| 8 | - | - | 2 | 20 |
| 9 | 2 | 16 | 4 | 20 |
| 10 | 1 | 20 | 1 | 12 |
| **कुल योग** | **14** | **149** | **16** | **185** |

**तालिका 2.1 : अध्ययन के लिए चुनी गयी सामग्री का संकेतीकरण**

**(ख) उपयुक्त विषय सूची बनाना**—यदि वर्गों के उपवर्ग हैं तो उनके लिए व्यवस्थित विषय सूची बनानी चाहिए—

| अपराध समाचारों के उपवर्ग | नवभारत टाइम्स | दैनिक जागरण (1 मार्च) |
|---|---|---|
| 1. हत्या | 2 | 3 |
| 2. बलात्कार | 3 | 3 |
| 3. लूटपाट | 2 | 1 |
| 4. यौन उत्पीड़न | 1 | 1 |
| 5. घरेलू हिंसा | 1 | 2 |
| **कुल योग** | **8** | **10** |

**तालिका 2.2 : चुनी हुई सामग्री के उपवर्गों को सूचीबद्ध करना**

**(ग) सामग्री में प्राप्त सूचनाओं का प्रतिशत में प्रस्तुतीकरण**--

यह आवश्यक नहीं कि पूरी सामग्री में सूचना हो ही। यदि सामग्री में सूचना है तो विभिन्न उपवर्गों में सूचना का प्रतिशत निम्नांकित तालिका के अनुसार प्रस्तुत किया जा सकता है—

| विभिन्न अपराध समाचारों की श्रेणियाँ | नवभारत टाइम्स में प्रकाशित अपराध समाचारों का सूचना प्रतिशत | दैनिक जागरण में प्रकाशित अपराध समाचारों का सूचना प्रतिशत |
|---|---|---|
| हत्या | 82% | 75% |
| बलात्कार | 85% | 83% |
| लूटपाट | 87% | 88% |
| यौन उत्पीड़न | 50% | 68% |
| घरेलू हिंसा | 49% | 55% |

**तालिका 2.3 : सूचना प्रतिशत विषयसूची के लिए संकेतीकरण**

सामग्री विश्लेषण की कुछ सीमाएँ हैं, जिन्हें समझना आवश्यक है—

- दर्शक, श्रोता या पाठक पर किसी सामग्री विशेष के प्रभाव के बारे में कोई निश्चित मत-निर्माण सामग्री विश्लेषण से सम्भव नहीं है। यदि बच्चों पर टेलिविजन के प्रभाव का अध्ययन किया गया, जिसमें सामने आया कि विज्ञापनों में आधे से ज्यादा विज्ञापन नूडल्स और ब्रांड विशेष के बर्गर के थे। तो सामग्री विश्लेषण के बाद शोधार्थी यह दावा नहीं कर सकता कि जिन बच्चों ने ये विज्ञापन देखे उन्होंने वे नूडल्स और बर्गर खरीदे ही होंगे। यह सिद्ध करने के लिए अन्य विधि से भी अध्ययन करना होगा।
- यह बहुत परिश्रम, धैर्य और समय माँगता है, साथ ही बड़ा पेचीदा भी है।

## 4. केन्द्रित समूह अध्ययन (Focused Group Study)

जब किसी अध्ययन के अन्तर्गत उत्तरदाताओं के व्यवहार को जानने के लिए सामूहिक साक्षात्कार किये जाते हैं या फिर अनुसूची (Schedule) उपकरण का प्रयोग किया जाता है, तो इसे शोध विधि के अन्तर्गत शामिल किया जाता है। इसमें शोधार्थी किसी एक शोध समस्या पर उत्तरदाताओं से सामूहिक विमर्श (Group Discussion) या सामूहिक साक्षात्कार करता है। कई बार शोधार्थी साक्षात्कार या विमर्श शुरू करने से पहले उत्तरदाताओं के बीच लिखित प्रश्नावली बाँट देता है, इससे उन लोगों के विचार भी सामने आ जाते हैं, जो बोलने में हिचकते हैं या जिनका मत दूसरों से अलग होता है।

**गुण–**

- यह समय बचाने वाली विधि है।
- यह कम खर्चीली है।
- व्यक्तिगत साक्षात्कार की तुलना में इसमें उत्तरदाताओं से पूर्ण जानकारी आसानी से ली जा सकती है।
- गुणात्मक शोध के लिए यह विधि सर्वाधिक उपयुक्त है।

**दोष–**

- मात्रात्मक शोध के लिए अधिक उपयोगी नहीं।
- सामूहिक विमर्श या साक्षात्कार में कुछ उत्तरदाता एकजुट होकर दूसरों के मत को प्रभावित कर सकते हैं।
- आँकड़ों की वैधता जनसंख्या के सही प्रतिनिधित्व पर निर्भर है।

## 5. सर्वेक्षण (Survey)

अलग-अलग विज्ञानों में 'सर्वेक्षण' के अलग-अलग अभिप्राय हैं। प्राकृतिक विज्ञान की विभिन्न शाखाओं में आमतौर पर इसका अभिप्राय नाप-तौल से है। जबकि समाज-विज्ञानों में इसका अर्थ है किसी सामाजिक समस्या की तह तक जाने और उसका हल खोजने के लिए साक्षात्कार, प्रश्नावली या अनुसूची के द्वारा आँकड़े जुटाना। यह शोध की सबसे पुरानी और सामान्य विधि है। सर्वेक्षण का सम्बन्ध वर्तमान में विद्यमान या पूर्व में विद्यमान रही स्थितियों को जानने, उनका विवरण, विश्लेषण या व्याख्या करने और उन्हें दर्ज करने से है। सर्वेक्षण में हम शामिल करते हैं–

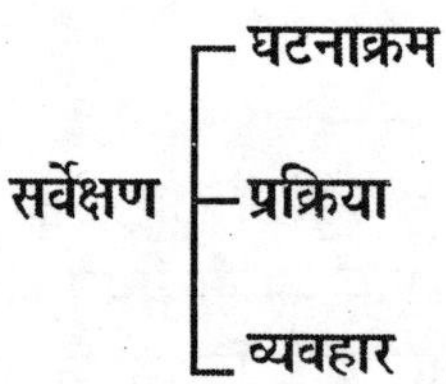


**चित्र 2.2 : सर्वेक्षण के आयाम**

**घटनाक्रम** जो पूर्व में घट चुका है, **प्रक्रिया** जो जारी है, **प्रभाव** जो कि प्रमाण है, **रुझान** जो कि विकसित हो रहा है। जनसंख्या की आम राय, परिप्रेक्ष्य और व्यवहार को जानने के लिए सर्वेक्षण विधि का प्रयोग किया जाता है।

इस विधि में पूरी जनसंख्या में से नमूना (Sample) लिया जाता है और यह नमूना उस जनसंख्या का प्रतिनिधित्व करता है। उस नमूने से प्राप्त सूचना को पूरी जनसंख्या के सामान्य विचार या व्यवहार की तरह माना जाता है।

सर्वेक्षण विधि में दो शोध उपकरण सामान्यतः प्रयोग किये जाते हैं–

1. प्रश्नावली
2. अनुसूची

सर्वेक्षण विधि के लिए आवश्यक है–

• सुनिश्चित जनसंख्या • जनसंख्या का सच्चा प्रतिनिधित्व करने वाला नमूना।

• नमूने का आकार, जो जनसंख्या के हिसाब से ठीक है। • प्रश्नावली

• अनुसूची

## सर्वेक्षण के प्रकार

मुख्य रूप से सर्वेक्षण के तीन प्रकार हैं–

**सर्वेक्षण के प्रकार**

- जनगणना सर्वेक्षण (Census Survey)
- समय, स्थान केन्द्रित सर्वेक्षण (Cross-Sectional Survey)
- देशान्तरिक सर्वेक्षण (Longitudnal Survey)

**चित्र 2.3 : सर्वेक्षण के प्रकार**

## जनगणना (Census)

सूचनाएँ प्राप्त करने या योजना बनाने के उद्देश्य से पूरी जनसंख्या के जनसांख्यिक (Demographic) और सामाजिक-आर्थिक आँकड़े एकत्र करना जनगणना सर्वेक्षण है।

## समय-स्थान केन्द्रित सर्वेक्षण (Cross Sectional Survey)

इससे अभिप्राय एक जनसंख्या विशेष का समय विशेष में प्रतिनिधित्व करना है। इस प्रकार के सर्वेक्षण विवरणात्मक (Descriptive) अध्ययन के अन्तर्गत आते हैं। इस विधि का उपयोग किसी जनसंख्या विशेष के समय विशेष में व्यवहार, स्थितियों आदि के अध्ययन के लिए किया जाता है। जैसे– मई-जून में एक इलाके में कोई खास बीमारी का फैलना। जैसे–आम लोकसभा चुनाव में प्रचार से पहले और चुनाव-परिणाम के बाद एक क्षेत्र विशेष के लोगों की सोच का अध्ययन। यह विधि बहुत ज्यादा विश्वसनीय नहीं है, क्योंकि समय के साथ लोगों की सोच बदलती रहती है।

## देशान्तरिक सर्वेक्षण (Longitudnal Survey)

विभिन्न स्तरों पर अलग-अलग काल खंड में लोगों के विचारों में बदलाव के कारणों का गहन अध्ययन

करने के लिए देशान्तरिक विधि अपनायी जाती है। इसके लिए तीन तरीके अपनाये जाते हैं–

**1. ट्रेंड स्टडी (Trend Study)**

सामान्य रुझान जानने के लिए यह तरीका अपनाया जाता है। इसमें हर बार अलग जनसंख्या के किसी विषय विशेष पर रुझान का अध्ययन किया जाता है। जैसे कि 'टेलिविजन धारावाहिकों के बारे में महिलाओं की प्राथमिकता'— इस अध्ययन में अलग-अलग स्थानों पर अलग आयु वर्ग की महिलाओं पर अध्ययन किया जा सकता है।

**2. कोहर्ट स्टडी (Cohort Study)**

इसमें एक ही जनसंख्या के बीच से अलग-अलग समय पर नये सैम्पल लेकर अध्ययन किया जाता है। कोहर्ट का अर्थ है वही समूह।

**3. पैनल स्टडी (Panel Study)**

इसमें शुरू से लेकर आखिर तक नमूने के लिए एक ही पैनल का अनुकरण किया जाता है।

## सर्वेक्षण के लिए अपनाये जाने वाले उपकरण

1. मेल (कूरियर/डाक)
2. टेलिफोन
3. व्यक्तिगत साक्षात्कार
4. ऑन लाइन साक्षात्कार
5. इंटरनेट साक्षात्कार
6. कम्प्यूटर अस्स्टिेड व्यक्तिगत साक्षात्कार
7. समूह प्रबन्धन

**चित्र 2.4 : सर्वेक्षण के लिए अपनाये जाने वाले उपकरण**

उपरोक्त माध्यमों से किये जाने वाले सर्वेक्षण में प्रश्नावली, अनुसूची और साक्षात्कार का प्रयोग किया जाता है। इन सभी उपकरणों के अपने फायदे और नुकसान हैं।

**1. मेल सर्वेक्षण**–इसमें शोधकर्त्ता अपनी प्रश्नावली बनाकर उसके साथ एक टिकट लगा, अपना पता लिखा खाली लिफाफा डाक द्वारा उत्तरदाता को भेजता है ताकि वे प्रश्नावली भरकर वापस भेजने में हिचकें नहीं। इसमें समय और धन की बचत तो होती है लेकिन उत्तर मिलने की दर 40% ही होती है।

**2. टेलिफोन**–इसमें प्रशिक्षित साक्षात्कारकर्त्ता की जरूरत होती है जो प्रश्न पूछने के साथ जवाब को जल्दी और सही नोट कर सके। इसमें 'रिस्पोंस' रेट ज्यादा होती है, लेकिन यह खर्चीली विधि है।

**3. व्यक्तिगत साक्षात्कार**–इसमें एक-एक व्यक्ति से आमने-सामने साक्षात्कार लिया जाता है।

**4. कम्प्यूटर असिस्टेड पर्सनल इंटरव्यू (CAPI)**–इसमें व्यक्तिगत साक्षात्कार के लिए लैपटॉप या कम्प्यूटर टर्मिनल का प्रयोग किया जाता है। उत्तरदाता स्वयं या साक्षात्कारकर्त्ता सीधे प्रश्नों के उत्तर आँकड़े के तौर पर लैपटॉप या कम्प्यूटर में दर्ज करता जाता है।

**5. इंटरनेट साक्षात्कार**–ई-मेल के माध्यम से प्रश्नावली भेजकर उत्तर मँगाये जाते हैं। फेसबुक आदि पर प्रश्नावली भेजकर भी इंटरनेट के माध्यम से उत्तर मँगाये जाते हैं। साक्षात्कार एक सस्ती और त्वरित विधि है।

**6. ऑनलाइन**—दिन-प्रतिदिन विकसित होती तकनीक के युग में अब मोबाइल के वाट्सएप (Whatsapp) एप्लीकेशन या वीडियो कॉन्फ्रेंसिंग का प्रयोग भी सर्वेक्षण के लिए किया जाता है।

**7. समूह प्रबन्धन**—किसी होटल, रेस्टोरेंट, पार्क, क्लासरूम आदि में एक समूह को एकत्रित कर उनसे प्रश्नावली भरवायी जा सकती है। उदाहरण के लिए किसी मल्टीप्लेक्स से फिल्म देखकर निकले दर्शकों के एक समूह से फिल्म के बारे में राय जानना। यह प्रश्नावली के माध्यम से भी हो सकता है और चर्चा या विचार-विमर्श द्वारा भी।

## 6. अवलोकन (Observation)

अवलोकन का शाब्दिक अर्थ है चीजों को सोद्देश्य (with a purpse) देखना। इस प्रक्रिया में हम अपनी ज्ञानेन्द्रियों के द्वारा प्राप्त अनुभव को सँजोते हैं और फिर ज्ञान अर्जित करते हैं। वैज्ञानिक जाँच-परख की विधियों में अवलोकन सम्भवतः सबसे पुरानी विधि है। दार्शनिकों, समाज-सुधारकों और धर्मोपदेशकों ने एक दृष्टि विशेष से समाज की कार्य-पद्धति को देखा और अच्छा जीवन जीने के रास्ते सुझाये। अवलोकन के बारे में गुडे (Goode) और हैट (Hatt) ने लिखा है—"विज्ञान का आरंभ अवलोकन से होता है और अन्तिम वैधता जाँचने के लिए भी अन्ततः उसे अवलोकन पर ही लौटना होगा।

सामाजिक अन्वेषण (Social Investigation) की विधियों में अवलोकन उत्तम विधि मानी जाती है। इसमें शोधार्थी अपने उत्तरदाताओं (Respondents) से सीधा सम्पर्क करने की बजाय उनकी गतिविधियों का स्वयं अवलोकन करता है। इसका सम्बन्ध वर्तमान गतिविधियों या व्यवहार से होता है जिसके आधार पर कई बार अतीत और भविष्य को जानने का प्रयास किया जाता है। किसी भी वर्तमान घटनाक्रम या व्यवहार को आँखों से देखकर उस समय विधिवत-अध्ययन करना, जब वह घटित हो रही हो अवलोकन या प्रेक्षण कहलाता है।

**अवलोकन के प्रकार**

- प्रतिभागी (Participant Observation)
- गैर-प्रतिभागी (Non-Participant Observation)
- नियंत्रित (Controlled Observation)
- गैर-नियंत्रित (Non-Controlled Observation)

**चित्र 2.5 : अवलोकन के विभिन्न प्रकार**

### 1. प्रतिभागी (Participant Observation)

जब शोधार्थी स्वयं अध्ययन किये जाने वाले समूह का हिस्सा बनकर गतिविधि में भाग लेता है, उसे प्रतिभागी अवलोकन कहते हैं। इसमें शोधार्थी समूह के बीच पूरी तरह घुल-मिल जाता है। उसकी असली पहचान छुपी रहती है। इस प्रकार वह समूह के कार्य-व्यवहार, रीति-रिवाजों, जीवन-मूल्यों और परंपराओं को बेहतर ढंग से जान पाता है। वह प्रतिभागी होने के साथ-साथ प्रेक्षक (Observer) भी है। उसकी दोहरी भूमिका की जानकारी दूसरे प्रतिभागियों को नहीं होती।

**प्रतिभागी अवलोकन के लाभ**

- समूह को स्वाभाविक रूप से व्यवहार करते हुए देखा जा सकता है।
- शोधार्थी उत्तरदाताओं के ज्यादा करीब होता है।
- प्रत्येक कार्य-व्यवहार की तार्किकता समझ आने लगती है।

**प्रतिभागी अवलोकन की सीमाएं**

- समूह में घुल-मिल जाने के बाद पर्यवेक्षक चीजों को वैज्ञानिक तराजू पर तोलने की बजाय अपने निजी दृष्टिकोण से देखने लगता है।
- भावुकतापूर्ण प्रतिभागिता (Participation) तथ्यात्मकता को खत्म कर देती है।
- कुछ मामलों में शोधार्थी या पर्यवेक्षक समूह का हिस्सा नहीं बन पाता, जैसे कि अपराधियों का गिरोह या जेल के कैदी।

### 2. गैर-प्रतिभागी अवलोकन (Non-Participant Observation)

गैर-प्रतिभागी प्रेक्षण में शोधार्थी समूह से अलग रह कर उसकी गतिविधियों का दूर से अवलोकन करता है।

विशुद्ध रूप से गैर-प्रतिभागी प्रेक्षण एक कठिन तकनीक है, क्योंकि किसी चीज को अलिप्त होकर देखना मुश्किल होता है। यह स्थिति प्रतिभागियों और प्रेक्षक दोनों को असहज बना देती है।

**लाभ**

- तथ्यात्मकता और वैज्ञानिकता को बरकरार रखा जा सकता है।
- पक्षपात की सम्भावना कम रहती है।
- लोग अपनी बात खुलकर प्रेक्षक के सामने रखते हैं, क्योंकि वह न तो समूह का हिस्सा है और न ही उनकी-जान पहचान का।
- प्रेक्षक बारीकी से अवलोकन कर सकता है।

**सीमाएँ**

- चूँकि प्रेक्षक समूह का हिस्सा नहीं होता, इसलिए समूह की गतिविधियों की गलत व्याख्या की सम्भावना रहती है, क्योंकि प्रेक्षक हर चीज को अपने नज़रिये से देखता है।

### 3. नियन्त्रित अवलोकन (Controlled Observation)

**नियन्त्रित** अवलोकन में योजनाबद्ध तरीके से समूह या घटनाक्रम का प्रायोगिक प्रक्रिया के अनुसार अवलोकन किया जाता है। इस प्रकार के अवलोकन में तथ्यात्मकता पर विशेष ध्यान देना होता है। अलग-अलग स्थितियों में प्रेक्षण प्रक्रिया को दोहराया जा सकता है।

### 4. गैर-नियन्त्रित अवलोकन (Non-Controlled Observation)

जब सहज स्वाभाविक वातावरण में चल रही गतिविधियों का आकलन किया जाता है और इन गतिविधियों में न किसी बाहरी शक्ति का मार्गदर्शन होता है और न ही प्रभाव, तब इसे गैर-नियन्त्रित अवलोकन कहा जाता है। 'साप्ताहिक हाट-बाजारों' का अध्ययन इसका एक उदाहरण हो सकता है।

यह अवलोकन का बहुत विश्वसनीय तरीका नहीं माना जाता। इसमें घटनाओं की भीड़ में खो जाने के कारण प्रेक्षक उनकी प्रामाणिक पर ध्यान नहीं दे पाते।

**अवलोकन विधि की महत्ता**

संचार या मीडिया शोध में यह विधि सबसे ज्यादा प्रयोग की जाती है। इसके प्रमुख कारण हैं—

- यह शोध का सबसे आसान तरीका है। चूँकि व्यक्ति का मूल स्वभाव ही चीजों को देखना-परखना, अवलोकन करना है, इसलिए थोड़े-बहुत प्रशिक्षण और सैद्धान्तिक ज्ञान के बाद व्यक्ति प्रभावी प्रेक्षक बन सकता है।
- परिकल्पना (Hupothesis) निर्धारण में शोधकर्त्ता के लिए अवलोकन सहायक होता है।
- अवलोकन विधि में शोधकर्त्ता सूचना के लिए किसी और पर निर्भर नहीं होता। वह स्वयं ही अवलोकन करते हुए सूचनाएँ एकत्र करता है, इसलिए सूचनाओं की वैधता में सन्देह की सम्भावना नहीं रहती।

## 7. साक्षात्कार विधि

संचार या मीडिया शोध में सबसे ज्यादा प्रयोग होने वाली विधि साक्षात्कार है। इसे सर्वाधिक व्ययवस्थित और वैज्ञानिक विधि माना जाता है, जिसके माध्यम से शोधकर्त्ता अपने उत्तरदाता की विचार-प्रक्रिया में प्रवेश कर उससे संवाद स्थापित करता है। भौतिक विज्ञान की शोधों और संचार शोध में यह बड़ा अन्तर है कि भौतिक विज्ञान की शोध में हम अपने 'सब्जेक्ट' से बात नहीं कर सकते, जबकि संचार शोध में हम 'सब्जेक्ट' से बात करके उसकी भावनाओं और प्रतिक्रियाओं को जान लेते हैं।

**विशेषताएँ**

1. यह जाँच-पड़ताल की प्रत्यक्ष विधि है।
2. इस विधि के माध्यम से प्रत्यक्ष और गहन अध्ययन सम्भव है।
3. प्रत्यक्ष, आमने-सामने उत्तर/प्रतिक्रिया सम्भव है।
4. गहन शोध सम्भव है।
5. उत्तरदाता के मन में छुपी इच्छाओं, भावनाओं और उद्देश्यों को जाना जा सकता है।
6. साक्षात्कार के माध्यम से उन तथ्यों या घटनाओं की जानकारी प्राप्त की जा सकती है, जो अवलोकन के लिए उपलब्ध नहीं हैं और जिनके बारे में उत्तरदाता जानता है।
7. यह एकमात्र ऐसी विधि है, जिसके द्वारा हम अमूर्त्त या अस्पष्ट निजी तत्त्वों जैसे—व्यवहार, भावनाओं, प्रतिक्रियाओं, अनुभवों को जान सकते हैं। किसी भी घटना या वस्तु के प्रभाव का अध्ययन करने के लिए यह सबसे प्रभावी विधि है।
8. साक्षात्कार हमें अतीत की घटनाओं की भी जानकारी दे सकता है, जबकि अवलोकन या प्रेक्षण उस समय घटित हो रही चीजों की।

**सीमाएँ**

- साक्षात्कार की सफलता साक्षात्कारकर्त्ता के कौशल और साक्षात्कार देने वाले के सहयोग पर निर्भर है।
- साक्षात्कार देने वाले को विश्वास दिलाकर सूचनाएँ लेना इतना आसान नहीं है।
- लोगों को साक्षात्कार देने के लिए राजी करना थोड़ा मुश्किल काम है।
- साक्षात्कारकर्त्ता को अपनी ही जाँच प्रणाली तैयार करनी होती है, ताकि वह उत्तर देने वाले का झूठ

पकड़ सके और उससे यथार्थ जान सके। इसके लिए प्रश्न-प्रति-प्रश्न (Cross Questioning) करना आवश्यक हो जाता है।

- गुणात्मक साक्षात्कार में भावनाएँ और संवेदनाएँ हावी हो सकती हैं, जिसके चलते आँकड़े पक्षपातपूर्ण होने की आशंका बनी रहती है। इनकी प्रमाणिकता मापने के लिए कोई मानक पैमाना नहीं होता।

सर्वेक्षण शोध विधि में साक्षात्कार एक शोध उपकरण की तरह भी प्रयोग किया जाता है। इसकी चर्चा हम आगामी अध्याय 'शोध उपकरण' के अन्तर्गत करेंगे।

## 8. विचार-विमर्श (Discussions)

यह शोध-विधि विचार-विमर्श पर आधारित है। इसमें विषय के अनुसार चुने हुए उत्तरदाताओं के बीच विचार-विमर्श से आँकड़े जुटाये जाते हैं। उत्तरदाताओं की संख्या एक समय में 25 से ज्यादा नहीं होनी चाहिए। यह विमर्श शोध डिजाइन के अनुसार कई रूपों में हो सकता है। जैसे–

- चार-पाँच प्रतिष्ठित लोगों के बीच किसी एक स्थान पर विषय विशेष पर चर्चा। यह 'पैनल डिस्कशन' कहलाता है। शोधकर्त्ता विमर्श का विश्लेषण करने के बाद किसी निष्कर्ष पर पहुँचता है।
- विमर्श विधि का एक रूप केन्द्रित समूह विमर्श है। इसमें किसी एक विषय पर ही चर्चा होती है और शोधकर्त्ता समूह को विषय से भटकने नहीं देता।
- स्वतन्त्र विमर्श में विषय निर्धारित नहीं होता। शोधकर्त्ता समूह द्वारा किये जा रहे विमर्श से अपने सन्दर्भ के अनुसार सूचनाएँ निकाल लेते हैं।

## सन्दर्भ


- J.A. Anderson (1987), Communication Research: Issues and Methods, McGraw Hill. New York
- Roger D.Wimmer, Joseph R. Dominick (2011), Mass Media Research: An Introduction (9th Edition). Cengage Learning, New Delhi
- Fred N. Kerlinger, (2007), Foundation of Behavioural Research (3rd Edition), Sage, New Delhi
- Pouline V. Young (2010), Scientific Social Surveys and Research (4th Edition), PHI Learning. New Delhi
- Sumati Mulay and V.E. Sabarathanam, (1980), Research Methods in Extension Education, Acharan Prakashan
- Prof. (Dr.) Devesh Kishore, (2013), Handbook of Communication Research, Makhanlal Chaturvedi National University of Journalism, Bhopal
- Barrie Gunter, (2000), Media Research Methods, Sage, New Delhi
- Arthur Asa Berger, (2000), Media and Communication Research Methods: An Introduction to Qualitative and Quantitative Approaches, Sage, New Delhi
- P. Saravanavel (2006), Research Methodology (17th Edition), Kitab Mahal, New Delhi.
- Prof. S.R. Bajpai (1960), Methods of Social Survey and Research, Kitab Mahal, Kanpur.
- Berg B. (2004), Qualtitative Research Methods, Allyn & Bacon, Boston.

अध्याय-3

# शोध उपकरण

## Research Tools

शोध के सन्दर्भ में उपकरण वह है, शोधार्थी जिसका प्रयोग सूचना या आँकड़े एकत्रित करने के लिए करता है। शोधकर्त्ता आँकड़े जुटाने के लिए मुख्य रूप से प्रश्नावली (Questionnaire) या अनुसूची (Schedule) का प्रयोग करता है, अतः ये दोनों शोध उपकरण की श्रेणी में आते हैं। कभी-कभी साक्षात्कार, केन्द्रित समूह अध्ययन, रिकॉल आदि को भी शोध उपकरण के तौर पर प्रयोग किया जाता है। आइए दो मुख्य शोध उपकरणों प्रश्नावली और अनुसूची के बारे में विस्तार से जानें।

## प्रश्नावली (Questionnaire)

- प्रश्नावली शोध की विभिन्न विधियों में प्रयोग किया जाने वाला महत्त्वपूर्ण उपकरण है।
- प्रश्नावली प्रश्नों की एक सूची है।
- प्रश्नावली एक प्रपत्र(Form) है, जिसमें दिये गये प्रश्नों के उत्तर सूचना या उत्तर देने वालों से वांछित होते हैं। उत्तरों के लिए फॉर्म में हर प्रश्न के साथ खाली स्थान छोड़ दिया जाता है।
- प्रश्नावली में प्रश्नों के उत्तर उत्तरदाता लिखता है।
- प्रश्नावली का उद्देश्य उत्तरदाता से विधिवत तरीके से सूचनाएँ एकत्रित करना है, जिन्हें वह स्वयं लिखित रूप में देता है।
- दूरदराज इलाकों में रहने वाले उत्तरदाताओं से सूचना एकत्र करने का सर्वेश्रेष्ठ माध्यम प्रश्नावली है।
- प्रश्नावली के माध्यम से एकत्रित आँकड़े ज्यादा विश्वसनीय होते हैं।
- मुद्रित (Printed) प्रश्नावली को डाक या ई-मेल के माध्यम से सूचनाप्रदाता या उत्तरदाता के पास भेजा जाता है, इस आग्रह के साथ कि वे निर्धारित समय में उसे भरकर वापस भेज देंगे।
- प्रश्नावली का स्वरूप विभिन्न शोध विधियों के अनुसार बदल जाता है।

### अच्छी प्रश्नावली की विशेषताएँ

- प्रश्नावली के प्रारम्भ में यह स्पष्ट लिखा होना चाहिए कि किस प्रकार के शोध के लिए उत्तरदाता को नमूने के तौर पर चुना गया है। किस उद्देश्य से प्रश्नावली उसके पास भेजी गयी है और क्यों वह इसे भरने में अपना समय लगाये? अर्थात् उसे प्रश्नावली भरने के लिए तैयार करने में वह पूरी तरह समर्थ हो। इसके अलावा शोध करने वाली संस्था, एजेंसी या व्यक्ति का परिचय स्पष्ट रूप से प्रथम

पृष्ठ पर होना चाहिए।

- प्रश्नावली का आकार छोटा होना चाहिए। इस दृष्टि से पोस्टकार्ड प्रश्नावली सर्वश्रेष्ठ मानी जाती है। बहुत ज्यादा बड़ी प्रश्नावली में उत्तर वापस मिलने की सम्भावना कम हो जाती है।
- प्रश्न छोटे और सरल भाषा में होने चाहिए।
- प्रश्नों की संख्या 10-20 के बीच हो तो अच्छा है।
- प्रश्नों के क्रम में तार्किकता (Logic) होनी चाहिए, ताकि उत्तर तुरन्त और स्पष्टता से मिल सकें।
- अधिकांश प्रश्न इस प्रकार के होने चाहिए कि उनके उत्तर 'हाँ', या 'न', संख्या, स्थान या तारीख में दिये जा सकें।
- प्रश्नों में उत्तर के विकल्प यदि हों तो अवश्य दें, ताकि उत्तरदाता उनमें से किसी एक या दो पर निशान लगा सके।
- निजी जीवन से सम्बन्धित प्रश्न तभी लिखें, जब बहुत आवश्यक हो, अन्यथा ऐसे प्रश्नों से बचें।
- प्रश्नों के साथ आवश्यक निर्देश अवश्य लिखें। जैसे–किसी एक विकल्प पर सही (✓) का निशान लगायें या किसी एक विकल्प को रेखांकित (—) करें आदि।
- प्रश्न 'कलोज़ एंडेड, हों या ओपन एंडेड'–उनका उद्देश्य स्पष्ट होना चाहिए।
- प्रश्नावली देखने में ऐसी होनी चाहिए कि वह उत्तरदाता का ध्यान आकर्षित कर सके। इसलिए इसकी छपाई अच्छे कागज पर, आकर्षक ले-आउट के साथ होनी चाहिए। अक्षरों का आकार और रूप (Font Size and Style) सहज पठनीय होना चाहिए।
- प्रश्न बनाते समय उसमें बहुत स्पष्टता होनी चाहिए, क्योंकि उत्तरदाता के सामने सिर्फ कागज पर लिखे प्रश्न होते हैं। यदि प्रश्नों में उलझाव है तो उत्तरदाता उसकी गलत व्याख्या कर सकता है और उसी के अनुसार वह उत्तर देगा। इसलिए गलत या भ्रमपूर्ण व्याख्या की किसी भी सम्भावना को खत्म करने के लिए प्रश्नों में स्पष्टता बहुत जरूरी है।
- चूँकि फॉर्म के रूप में प्रश्नावली वापस शोधकर्त्ता के पास वापस आनी है, इसलिए प्रश्नावली के साथ पता लिखा, डाक टिकट लगा खाली लिफाफा अवश्य भेजें, ताकि उत्तर पाने की सम्भावना बढ़ जाए।
- अध्ययन या शोध का विषय मोटे अक्षरों में प्रश्नावली के प्रथम पृष्ठ पर लिखा होना चाहिए।
- सूचना की गोपनीयता का आश्वासन स्पष्ट रूप से लिखा होना चाहिए ताकि उत्तरदाता आपको सही जानकारी देने में हिचकिचाये नहीं।
- अच्छा हो कि हर प्रश्नावली को एक क्रम संख्या दी जाए, इससे प्रश्नावली भेजने और वापस प्राप्त करने में आसानी होगी।
- प्रश्नावली को अन्तिम रूप देने और उत्तरदाताओं के पास भेजने से पहले यदि इसकी पूर्व परीक्षण (Pre Testing) की जाए तो अच्छा होगा। इससे प्रश्नावली में कमियों का पता लगाकर उन्हें दूर किया जा सकता है। पूर्व परीक्षण के दौरान यदि प्रश्नावली वापस नहीं आती, यदि ज्यादातर प्रश्नों के उत्तर गलत आते हैं या ज्यादातर प्रश्न अनुत्तरित (Unanswered) रहते हैं या एक ही प्रश्न का अलग-अलग लोग अलग उत्तर देते हैं, तो समझ जाइये कि प्रश्नावली में सुधार या बदलाव की आवश्यकता है।

## प्रश्नावली के लाभ

- उस स्थिति में प्रश्नावली सर्वाधिक उपयोगी उपकरण है, जब उत्तरदाता बहुत विस्तृत क्षेत्र में फैले हों। इसके माध्यम से एक शोधकर्त्ता एक ही जगह रहकर एक ही समय में दूर-दूर रहने वाले ज्यादा से ज्यादा लोगों से ज्यादा आँकड़े या सूचनाएँ इकट्ठे कर सकता है।
- इस उपकरण के माध्यम से कम खर्च में ज्यादा आँकड़े जुटाये जा सकते हैं। इसमें मुख्य खर्चा छपाई और डाक खर्च का है, जो अन्य उपकरणों के मुकाबले न के बराबर है।
- शोधकर्त्ता और उत्तरदाता को आपस में मिलने की जरूरत नहीं है। इसलिए इसमें समय की बचत होती है।
- उत्तरदाता प्रश्नों के उत्तर बिना किसी हिचकिचाहट के उन्मुक्त (Freely) ढंग से देता है।
- चूँकि प्रपत्र के रूप में उत्तरदाता प्रश्नावली स्वयं भरता है और नाम व पता स्वयं लिखता है, इसलिए इसकी वैधता सुनिश्चित है।

## प्रश्नावली की सीमाएँ

- अन्य उपकरणों के मुकाबले 'रिस्पोंस' कम आता है।
- उत्तरदाता प्रश्नावली को बहुत हल्के में लेते हैं, इसलिए उत्तर नहीं देते।
- सिर्फ पढ़े-लिखे लोग ही प्रश्नावली को भरकर भेज सकते हैं।
- उत्तरदाता जो भी उत्तर दें, उसे ही अन्तिम रूप में स्वीकार करना पड़ता है।
- प्रश्नावली के माध्यम से प्राप्त सूचना की वैधता की कोई गारंटी नहीं होती।
- ज्यादातर प्रश्नावलियाँ आधी-अधूरी या गलत तरीके से भरी होती हैं। अनेक में हस्तलेख (Handwriting) पढ़ने में दिक्कत होती है और कई बार दिये गये उत्तर का निहितार्थ समझना तक कठिन होता है।
- चूँकि शोधार्थी का उत्तरदाता से कोई सम्पर्क नहीं होता, इसलिए सूचनाओं की प्रामाणिकता जाँचने का कोई तरीका नहीं बचता।

# अनुसूची (Schedule)

अनुसूची एक प्रपत्र (Form) है, जिसमें प्रश्न के साथ कई खाली तालिकाएँ होती हैं। शोधकर्त्ता उत्तरदाता से प्रश्न पूछता है और प्राप्त सूचनाओं को इन तालिकाओं में भरता जाता है। यूँ तो अनुसूची प्रश्नावली जैसी ही है, लेकिन दोनों में थोड़ा अन्तर है, जो दोनों को एक-दूसरे से अलग करता है। अनुसूची सूचनाएँ एकत्र करने का एक 'फॉर्मेट' है। अनुसूची का प्रयोग साक्षात्कार या प्रत्यक्ष अवलोकन (Direct Observation) में किया जाता है। साक्षात्कार के दौरान पूछे गये प्रश्नों या अवलोकन के दौरान प्राप्त निष्कर्षों को शोधार्थी स्वयं अनुसूची की तालिकाओं में भरता जाता है।

## अच्छी अनुसूची की विशेषताएँ

- इसे डाक या ई-मेल द्वारा नहीं भेजा जाता, बल्कि शोधार्थी स्वयं इसे लेकर उत्तरदाता के पास जाता है और पूछे गये प्रश्नों के उत्तर या सूचनाएँ स्वयं अनुसूची में दिये गये रिक्त स्थानों/तालिकाओं में भरता है।

- पूछे जाने वाले प्रश्नों में एक तारतम्य या प्रवाह होना चाहिए। इससे शोधार्थी और उत्तरदाता दोनों की बातचीत का क्रम टूटता नहीं है और विषय से भटकने की सम्भावना सीमित हो जाती है।
- प्रश्नों की भाषा बेहद आसान और स्पष्ट होनी चाहिए, ताकि बातचीत के लहजे में उनके उत्तर मिल सके।
- प्रश्न विषय से जुड़े ही होने चाहिए। अप्रासंगिक या विषय से अलग प्रश्न पूछकर अनुसूची का आकार बढ़ाने की कोशिश नहीं करनी चाहिए।
- उत्तरदाता द्वारा दी जा रही जानकारी की विश्वसनीयता जाँचने के लिए प्रश्नों के साथ प्रतिप्रश्नों (Cross Questions) को जरूर रखना चाहिए।
- प्रश्नों का चुनाव सावधानीपूर्वक किया जाये ताकि सटीक और वांछित उत्तर मिल सकें।
- अनुसूची भरवाने के लिए शोधार्थी में संचार कौशल (Communication Skills) होना चाहिए, ताकि लोगों से बातचीत में वह हिचके, झिझके नहीं और वांछित सूचना हासिल कर सके। इसके लिए पर्याप्त प्रशिक्षण आवश्यक है।
- शोधार्थी का अपनी भाषा और हाव-भावों पर नियन्त्रण होना चाहिए, ताकि वह उत्तरदाता को प्रश्न सही तरीके से समझा सके और उत्तर देने के लिए तैयार कर सके।

## अनुसूची के लाभ

- अनुसूची के माध्यम से अशिक्षित उत्तरदाताओं से भी सूचना ली जा सकती है।
- अनुसूची शोधकर्त्ता के लिए एक मार्गदर्शक का काम करती है। इसमें क्रमानुसार प्रश्न लिखे होने के कारण उत्तर भी उसी क्रम में मिलते हैं और शोधार्थी द्वारा कोई भी प्रश्न छूट जाने की सम्भावना बिल्कुल खत्म हो जाती है।
- अनुसूची के माध्यम से प्राप्त सूचनाओं को तालिकाबद्ध (Tabulation) करना आसान होता है। चूँकि अनुसूची स्वयं ही तालिका की शक्ल में, क्रमवार होती है, इसलिए सूचनाओं या आँकड़ों को प्रश्नों के क्रम में बहुत आसानी से और जल्दी प्रस्तुत किया जा सकता है।
- इसमें तथ्यात्मकता बनी रहती है, इसलिए विश्वसनीय परिणामों की सम्भावना बढ़ जाती है।
- उत्तर न मिलने का अनुपात (Non Response Ratio) बहुत कम हो जाता है।
- उत्तरदाता से सीधे व्यक्तिगत संवाद होने के कारण, शोधार्थी उसके बारे में बेहतर जानकारी रखता है।
- सूचनाएँ निर्धारित समय में प्राप्त हो जाती हैं, क्योंकि शोधार्थी स्वयं अनुसूची भरता है।
- आमतौर पर सूचनाएँ स्पष्ट और पूरी होती हैं।
- शोधार्थी प्रश्नों के स्पष्टीकरण के लिए स्वयं उत्तरदाता के सामने होता है, इसलिए सूचनाएँ स्पष्ट और पूर्ण होती हैं।
- व्यक्तिगत उपस्थिति के कारण उत्तरदाता शोधार्थी के प्रति आकर्षित होते हैं।

## अनुसूची की सीमाएँ

- चूँकि अनुसूची भरवाने के लिए उत्तरदाता के पास स्वयं जाना पड़ता है, इसलिए 'फील्ड स्टाफ' की नियुक्ति करनी पड़ती है।

- उत्तरदाता के पास व्यक्तिगत रूप से जाने के कारण इस उपकरण का प्रयोग महँगा साबित होता है। आवागमन और 'फील्ड स्टाफ' की नियुक्ति के कारण यह खर्चा काफी बढ़ जाता है।
- अनुसूची भरने के लिए शोधार्थी को समय और जानकारी देने में लोग आनाकानी करते हैं।
- अनुसूची की सफलता शोधार्थी या 'फील्ड स्टाफ' की ईमानदारी, बुद्धिमत्ता और संचार-कौशल (Communication Skill) पर निर्भर है।

## अनुसूची के प्रकार

संचार अथवा मीडिया शोध में प्रयोग के अनुसार अनुसूची को चार भागों में बाँटा जा सकता है–

**अनुसूची के प्रकार**

| साक्षात्कार अनुसूची | रेटिंग अनुसूची | दस्तावेज अनुसूची | अवलोकन अनुसूची |
|---|---|---|---|
| Interview Schedule | Rating Schedule | Document Schedule | Observation Schedule |

**चित्र 3.1 : स्रोत : अनुसूची के विभिन्न प्रकार**

- साक्षात्कार अनुसूची: जैसा कि नाम से ही स्पष्ट है कि इसका प्रयोग साक्षात्कार के लिए किया जाता है। रिक्त तालिका में मानकों (Standard) के अनुसार शोधार्थी सूचना या उत्तरदाता का वक्तव्य लिखता जाता है।
- रेटिंग अनुसूची का प्रयोग वहाँ किया जाता है, जहाँ हमें किसी के व्यवहार या मत (Opinion) का अध्ययन करना होता है।
- दस्तावेज अनुसूची में लिखित दस्तावेजों जैसे–आत्मकथा, केस हिस्ट्री, डायरी या अन्य आधिकारिक रिकॉर्डों से प्राप्त जानकारियाँ भरी जाती हैं। इस प्रकार की अनुसूची आमतौर पर स्रोतों की सूची तैयार करने और 'यूनिवर्स' के बारे में प्राथमिक सूचनाएँ एकत्र करने के लिए प्रयोग की जाती है।
- अवलोकन अनुसूची का प्रयोग अवलोकन के दौरान मिलने वाली बारीक, गहरी और गहन जानकारियों को जुटाने के लिए किया जाता है। क्या देखना है, क्या अनुभव करना है, किस बिन्दु पर केन्द्रित रहना है, यह अनुसूची में पहले से लिखा होता है। इसका प्रयोग मूलतः 'फील्ड आब्जर्वेशन' में किया जाता है।

**अच्छी अनुसूची कैसे बनाएँ–**

- शोध समस्या के विभिन्न पहलुओं का अध्ययन करने के बाद यह समझ लें कि हमें किस प्रकार की सूचनाएँ एकत्रित करनी है।
- एकत्र की जाने वाली सूचनाओं का वर्गीकरण कर उनके उपवर्ग बनायें।
- रिक्त स्थानों और तालिकाओं में प्रयोग किये जाने, शब्दों, सूचनाओं और वक्तव्यों में अस्पष्टता नहीं होनी चाहिए।

- अनुसूची की वैधता की पूर्व जाँच करने के बाद ही उसे अन्तिम रूप दिया जाना चाहिए। जाँच के लिए पहले कुछ उत्तरदाताओं के पास जाकर इसे भरें और कमियाँ पाये जाने पर उन्हें दूर करके इसे अन्तिम रूप दें।

## सन्दर्भ


- Herbert J. Rubin & Irene S. Rubin (2005), Qualitative Interviewing: The Art of Hearing Data (2nd Edition). Thousand Oaks CA: Sage, New Delhi
- Gerard Guthrie (2010), Basic Research Methods: An entry to Social Science Research, Sage, New Delhi
- Prof. (Dr.) Devesh Kishore (2013), Handbook of Communication Research, Makhanlal Chaturvedi, National University of Journalism, Bhopal
- Linda B. Bourque & Eve P. Fielder (2003), How to Conduct Telephonic Surveys (2nd Edition), Sage, New Delhi
- Prof. S.R. Bajpai (1960), Methods of Social Survey and Research, Kitab Ghar, Kanpur
- Bridget Somekh & Cathy Lewin (2011), Research Methods in the Social Sciences, (8th Printing), South Asia Edition, Vistaar Publications, Sage, New Delhi

# अध्याय-4

# आँकड़े
# Data

## आँकड़े : अर्थ, उपयोग और महत्त्व

अंग्रेजी शब्द डाटा (Data) के लिए हिन्दी में आँकड़े शब्द का प्रयोग किया जाता है। 'डाटा' बहुवचन है, इसके एकवचन में प्रयोग के लिए 'डेटम' (Datum) अर्थात् आँकड़ा शब्द है। शोध में आँकड़ों (Data) का प्रयोग कच्चे माल की तरह किया जाता है। आँकड़े अर्थात् 'डाटा' शब्द का अर्थ क्या है? इसे कई प्रकार से परिभाषित किया गया है।

- शोध के सन्दर्भ में आँकड़े एक प्रकार की तथ्यात्मक सूचनाएँ हैं, जिन्हें आवश्यकतानुसार व्यवस्थित करके विश्लेषित करने के बाद शोध-निष्कर्ष तक पहुँचा जाता है।
- आँकड़े कई रूपों में होते हैं, जैसे—संख्या या अंकों, लिखित सामग्री, दस्तावेजों, चित्रों, ऑडियो और वीडियो या मानवे मस्तिष्क में संचित तथ्यात्मक स्मृतियाँ अथवा उसका व्यवहार आदि।
- वे तथ्य जो उपयोगी सूचना बन जायें और जिन्हें सार्थक ढंग से व्यवस्थित कर किसी परिणाम तक पहुँचा जा सके, आँकड़े कहलाते हैं।
- आँकड़े किसी विषय से सम्बन्धित मात्रात्मक (Quantilative) या गुणात्मक (Qualitative) संकेत हैं, जिन्हें सूचना में बदला जाता है।
- आँकड़े वे तथ्य और प्रेक्षण (Observation) हैं, जिन्हें किसी विचार-विमर्श या अध्ययन के लिए प्रयोग किया जाता है।
- शोध-प्रक्रिया में आँकड़ों के संग्रह, व्याख्या और विश्लेषण के बाद ही किसी खोज या निष्कर्ष तक पहुँच सकते हैं।

**आँकड़ों का संग्रहण (Data Storage)**

किसी भी खोज या निष्कर्ष तक पहुँचने के लिये सर्वप्रथम आँकड़ों का संग्रह किया जाता है और ये आँकड़े विभिन्न रूपों में प्राप्त होते हैं और इन्हें अनेक माध्यमों में संग्रहीत किया जाता है जैसे—

छायाचित्र, दस्तावेज (लिखित सामग्री, शब्द, संख्या) के रूप में कागज पर, छायाचित्र, फिल्मों, ऑडियो टेप, वीडियो टेप, स्लाइड्स

आँकड़ों को इन माध्यमों में संग्रहीत किया जा सकता है—

## विभिन्न माध्यमों में आँकड़ों का संग्रह

- दस्तावेज (लिखित सामग्री, शब्द, संख्या) के रूप में कागज पर
- छायाचित्र
- फिल्मों
- ऑडियो टेप
- वीडियो टेप
- स्लाइड्स

**चित्र 4.1 : आँकड़ों के संग्रहण हेतु प्रयोग होने वाले माध्यम**

आँकड़ों के संग्रहण के बाद उनके संरक्षण का कार्य भी महत्त्वपूर्ण है, इन्हें ऊपर दर्शाये गये माध्यमों में सुरक्षित रखा जा सकता है।

## आँकड़ों के प्रकार

आँकड़े मुख्य रूप से दो प्रकार के होते हैं– 1. प्राथमिक 2. द्वितीयक

**आँकड़ों के प्रकार**

| प्राथमिक आँकड़े (Primary Data) | द्वितीयक आँकड़े (Secondary Data) |
|---|---|

**चित्र 4.1 : आँकड़ों के दो प्रकार**

## प्राथमिक आँकड़े (Primary Data)

- प्राथमिक आँकड़े एक प्रकार से वे सूचनाएँ होती हैं, जो प्रत्यक्ष स्रोत (First Hand Source) से सर्वेक्षण, साक्षात्कार, प्रेक्षण या अनुभव से प्राप्त की जाती हैं।
- प्राथमिक आँकड़े वे मूल (Original) सूचनाएँ होती हैं, जिनका प्रयोग पहले कभी न किया गया हो।
- संरक्षण (Processing) से पहले कच्ची सामग्री की तरह प्राप्त तथ्यात्मक सूचनाओं को प्राथमिक आँकड़े कहा जा सकता है।
- कभी-कभी इस शब्द का प्रयोग उन प्रत्यक्ष स्रोतों से प्राप्त सूचनाओं के लिए भी किया जाता है, जो कभी सांख्यिकीय विश्लेषण की प्रक्रिया से नहीं गुजरी हों।
- प्राथमिक आँकड़े रोचक और उत्साहवर्द्धक तो हो सकते हैं, लेकिन इसी रूप में प्रकाशित नहीं किये जा सकते, क्योंकि उनकी वैधता की जाँच होनी बाकी होती है।

## द्वितीयक आँकड़े (Secondary Data)

- द्वितीयक आँकड़े वे तथ्यात्मक सूचनाएँ हैं, जिनका संग्रह किसी और ने अपने शोध या किसी और कार्य के लिए किया हो।
- द्वितीयक आँकड़े किसी अन्य व्यक्ति द्वारा संग्रहीत सूचनाओं का दुबारा प्रयोग और संरक्षण है।
- द्वितीयक आँकड़े किसी और के द्वारा भरवाई गयी प्रश्नावली या अनुसूची या अन्य विधि से जुटाये आँकड़ों का परिणाम है।
- ये वे आँकड़े हैं जिन्हें किसी अन्य शोधार्थी ने अपने शोध विशेष के लिए संग्रहीत किया हो या किसी अन्य उद्देश्य से एकत्रित किया हो और उनका प्रयोग कोई दूसरा शोधार्थी करे।
- एक ही आँकड़े किसी एक शोधार्थी के लिए प्राथमिक हो सकते हैं, तो दूसरे के लिए द्वितीयक।
- द्वितीयक आँकड़ों का प्रमुख स्रोत पूर्व में की गयी वे शोध-रिपोर्ट हैं, जिनमें शोध समस्या के हल के लिए प्राथमिक आँकड़ों का प्रयोग किया गया हो।
- द्वितीयक आँकड़े प्राथमिक की तरह प्रामाणिक तो नहीं होते, लेकिन इनके प्रयोग से शोध की विस्तृत पृष्ठभूमि तैयार करने में मदद मिलती है।
- द्वितीयक आँकड़े कम समय और खर्च में आसानी से प्राप्त किये जा सकते हैं।
- द्वितीयक आँकड़ों का अध्ययन प्राथमिक आँकड़ों के संग्रह में उपयोगी होता है, क्योंकि इससे हमें यह पता चल जाता है कि हमें कौन-सी अतिरिक्त सूचनाएँ जुटानी हैं और द्वितीयक आँकड़ों में क्या कमी है।
- द्वितीयक आँकड़े हमें शोध समस्या को बेहतर ढंग से समझने में सहायक होते हैं।
- द्वितीयक आँकड़ों की वैधता और प्रामाणिकता को जाँचना कठिन है।
- द्वितीयक आँकड़े बहुत पुराने (Outdated) भी हो सकते हैं।

प्राथमिक और द्वितीयक के अतिरिक्त आँकड़ों के संख्यात्मक (Quantitative) और गुणात्मक (Qualitative) रूप भी हैं।

## आँकड़ों के स्रोत

शोध जगत में स्रोत वे साधन हैं, जिनसे हमें शोध के लिए सूचनाओं की आपूर्ति होती है, जैसे व्यक्ति या व्यक्ति समूह, दस्तावेज, घटनाक्रम छायाचित्र, फिल्में, वीडियो, ऑडियो सामग्री आदि।

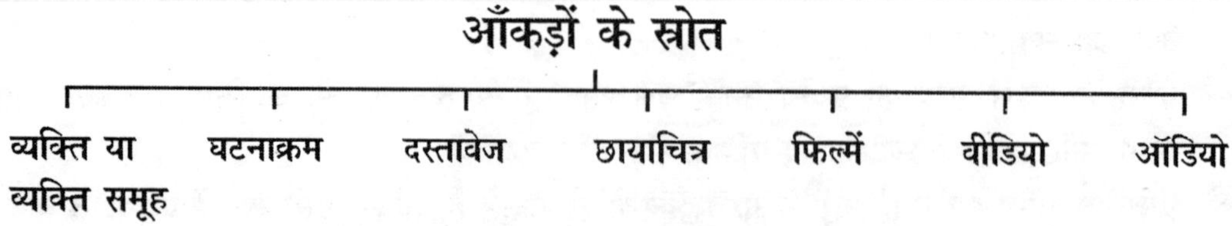


**चित्र 4.2 : आँकड़े प्राप्त करने के विभिन्न स्रोत**

इन स्रोतों को मुख्य रूप से दो वर्गों में बाँटा जाता है–

1. प्राथमिक स्रोत 2. द्वितीयक स्रोत।

प्राथमिक स्रोत वे होते हैं, जहाँ शोधार्थी द्वारा प्रत्यक्षतः स्वयं सूचनाओं का संग्रह किया जाता है। इन स्रोतों में शोध उपकरण के तौर पर शोधार्थी प्रश्नावली, अनुसूची, साक्षात्कार, प्रेक्षण आदि का प्रयोग करता है।

द्वितीयक स्रोत प्रकाशित और अप्रकाशित दस्तावेज, रिपोर्ट, आलेख, सांख्यिकी, पांडुलिपि (Manuscript), पत्र, डायरियाँ आदि हो सकते हैं। इन स्रोतों में शोधार्थी अन्य शोधार्थी, दार्शनिक, लेखक आदि के अपने विषय से सम्बन्धित मतों और निष्कर्षों का प्रयोग करता है।

इनके अतिरिक्त आँकड़ों के संग्रह हेतु उपलब्ध स्रोतों को कई अन्य वर्गों में बाँटा जा सकता है–

**(क) प्रत्यक्ष या व्यक्तिगत–(Direct/Personal)** इस श्रेणी में शोधार्थी स्रोत के रूप में उन विद्वानों, शोधकर्त्ताओं या विशेषज्ञों से साक्षात्कार करता, जो सम्बन्धित विषय के जानकार होते हैं। ये शोधार्थी को न केवल शोध समस्या से सम्बन्धित वर्तमान स्थिति के बारे में जानकारी देते हैं, बल्कि रुझान भी बताते हैं। यह स्रोत अपेक्षाकृत अधिक प्रामाणिक होता है। इस प्रकार के व्यक्ति प्रत्यक्ष व्यक्तिगत स्रोत कहलाते हैं।

**(ख) समाचारपत्र-पत्रिकाओं के अंकों की सूची (Indexes to Specific Periodicals)**–इसमें विभिन्न समचार पत्र-पत्रिकाओं के अंकों और विशेषांकों की सूची (Index) उपलब्ध होती है। इस सूची में लेखों आदि का रिकॉर्ड दर्ज होता है। शोधार्थी अपने विषय के अनुसार इनसे सामग्री ले सकता है। भारत में टाइम्स ऑफ इंडिया, द हिन्दू और अन्तर्राष्ट्रीय स्तर पर 'द न्यूयॉर्क टाइम्स' की सूची इस मायने में श्रेष्ठ मानी जाती है।

**(ग) सार (Abstracts)**–शोध आलेखों के 'सार' जर्नल के रूप में संकलित किये जाते हैं। ये जर्नल समय-समय पर प्रकाशित होते रहते हैं और बाजार, संस्थानों व पुस्तकालयों में उपलब्ध होते हैं।

नियमित अन्तराल पर प्रकाशित होने वाले इन 'जर्नल' में आलेखों के सार-संक्षेप के साथ सन्दर्भ सामग्री का विवरण (Bibliographical Details), लेखकों के नाम, अन्य जर्नल के शीर्षक आदि मिल जाते हैं। मनोरंजन, मीडिया, संचार, भाषा व्यवहार, ऐतिहासिक आदि विषयों पर सारांश जर्नल आसानी से उपलब्ध हो जाते हैं।

**(घ) सन्दर्भ डाटा बेस (Bibliographical Database)**–इसमें में आजकल किताबों, सारांशों, इंडेक्स

जर्नल आदि से सूचनाओं का सी.डी. डाटाबेस तैयार मिल जाता है। विषय से सम्बन्धित आलेख या लेखक का नाम टाइप कर वांछित सामग्री प्राप्त की जा सकती है। इस प्रकार का डाटाबेस इंटरनेट पर भी उपलब्ध है– कम्युनिकेशन रिसर्च इंडेक्स, रीडर्स गाइड टु पीरियोडिकल लिटरेचर और नेशनल न्यूज़पेपर इंडेक्स।

**(ङ) शोध गाइड (Research Guide)**–विविध शोध क्षेत्रों से सम्बन्धित शोध गाइड बाजार में मिल जाती हैं। इनमें शोधार्थी को विभिन्न आलेख, रिपोर्ट आदि सम्पूर्ण सामग्री मिल जाती है। सन्दर्भ ग्रन्थों, रेफ़रल जर्नल और सोशल साइटों की गाइड भी उपलब्ध है।

**(च) शब्दकोश (Dictionaries)** स्रोत के रूप में प्रयोग किये जाते हैं। विषय विशेष से सम्बन्धित शब्दकोश भी बाजार में मिल जाते हैं। जैसे कि जेम्स वाट्सन (James Watson) और एन हिल (Ann Hill) की 'ए डिक्शनरी ऑफ कम्युनिकेशन एंड मीडिया स्टडीज'।

**(छ) विश्व कोश/ज्ञान कोश (Encyclopedia)**–अब सीडी में उपलब्ध है। एन्साइक्लोपीडिया ब्रिटेनिका तो सर्वाधिक लोकप्रिय ज्ञान कोश है। संचार और जनमाध्यमों (Mass Media) जैसे विषयों पर केन्द्रित ज्ञान कोशों में 'द इंटरनेशनल कम्युनिकेशन एन्साइक्लोपीडिया', 'द इलेक्ट्रोनिक एन्साइक्लोपीडिया ऑन कम्युनिकेशन' काफी लोकप्रिय हैं।

**(ज) वार्षिकी (Year books)**–यह भी आँकड़ा संग्रह का एक महत्त्वपूर्ण स्रोत हैं। इनमें महत्त्वपूर्ण शोधों पर सामग्री और अन्य आलेख मिल जाते हैं। मीडिया और संचार शोधार्थियों के लिए संचार वार्षिकी (Communication Year Books) द हिन्दू, टाइम्स ऑफ इंडिया, मलयाला मनोरमा द्वारा प्रकाशित की गयी हैं। इसके अलावा शोधार्थियों के लिए भारत सरकार के सूचना एवं प्रसारण मन्त्रालय के प्रकाशन विभाग द्वारा प्रकाशित वार्षिकी भी उपलब्ध है।

**(झ) सांख्यिकीय स्रोत (Statistical Sources)** सरकार और निजी प्रकाशकों द्वारा प्रकाशित किये जाने वाले सांख्यिकीय सारांशों (Statistical Abstracts) के रूप में उपलब्ध होते हैं। जनसांख्यिकीय (Demographic) वार्षिकी, सांख्यिकीय वार्षिकी में प्रचुर मात्रा में सांख्यिकीय आँकड़े मौजूद होते हैं।

**(ञ) सन्दर्भ-सूची (Bibliographics)**– यह सम्बन्धित पुस्तकें, आलेख, रिपोर्ट आदि का एक बड़ा स्रोत है। विभिन्न पुस्तकों, शोध आलेखों आदि में दी गयी सन्दर्भ सूची शोध सामग्री के लिए एक महत्त्वपूर्ण स्रोत है।

## आँकड़ों का संग्रह (Data Collection)

शोध कार्य के लिए आँकड़ों का वही महत्त्व है, जो किसी उत्पाद को तैयार करने में कच्चे माल का। आँकड़ों के संग्रह के लिए अनेक विधियों का प्रयोग किया जाता है। विधि का चुनाव विषय, उपलब्धता के अनुसार ही किया जाता है। साक्षात्कार, प्रश्नावली, अनुसूची, सर्वेक्षण, क्षेत्र कार्य (Field Work), पूर्व क्षेत्र कार्य (Pre Field Work), अवलोकन आदि कुछ ऐसी विधियाँ जो शोधार्थी के आँकड़ा-संग्रह के कार्य का माध्यम हो सकती हैं। इन विधियों का उपयोग करते हुए शोधार्थी प्राथमिक आँकड़े संग्रहीत कर सकता है।

## आँकड़ों का संरक्षण (Processing of Data)

आँकड़ों का संग्रह करने के बाद हमारे पास सूचनाओं का ढेर जैसा लग जाता है। इस ढेर से कोई भी

निष्कर्ष नहीं निकाला जा सकता। व्यवस्थित तरीके से इनके संरक्षण के बाद ही किसी रुझान का पता लगाया जा सकता है। संरक्षण का पहला चरण है आँकड़ों का संकेतीकरण (Coding), दूसरा-वर्गीकरण (Classification), तीसरा-सारणीकरण (Tabulation)।

**आँकड़ों के संरक्षण के तीन चरण**

**1. संकेतीकरण (Coding)** **2. वर्गीकरण (Classification)** **3. सारणीकरण (Tabulation)**

**चित्र 4.3 : आँकड़ों का संरक्षण**

## 1. संकेतीकरण (Coding)

डाटा शीट में आँकड़ों की जाँच और उनके सम्पादन के बाद उनका संकेतीकरण किया जाता है। विभिन्न उत्तरदाताओं द्वारा दिये गये उत्तरों को अलग-अलग श्रेणियों में रखने और उनके वर्गीकरण के लिए प्रत्येक आँकड़े को अलग-अलग संकेत (Code) दिया जाता है। इससे आँकड़ों के विशाल अम्बार को व्यवस्थित करने में मदद मिलती है। इस प्रक्रिया में प्रत्येक प्रश्न के लिए एक अलग कोडिंग फ्रेम तैयार किया जाता है। उदाहरण के लिए अध्ययन का विषय है दिल्ली-एन.सी.आर. के लोग कौन-सा मीडिया प्रयोग करते हैं? लोगों से प्रश्न पूछा गया 'आप कौन-सा मीडिया प्रयोग करते हैं? हमें इस प्रकार उत्तर मिलने की सम्भावना है– रेडियो, टेलिविजन, समाचारपत्र, इंटरनेट, मोबाइल फोन। इन उत्तरों का हम इस प्रकार संकेतीकरण करेंगे–

| श्रेणी | संकेत |
|---|---|
| रेडियो | 1 |
| टेलिविजन | 2 |
| इंटरनेट | 3 |
| समाचारपत्र | 4 |
| मोबाइल फोन | 5 |

**तालिका 4.1 : विभिन्न जनसंचार माध्यमों का संकेतीकरण**

## 2. वर्गीकरण (Classification)

यह एक ऐसी विधि है, जिसमें आँकड़ों को विभिन्न समूहों या वर्गों में अपनी आवश्यकतानुसार बाँट देते हैं। इस प्रकार आँकड़ों का ढेर व्यवस्थित तरीके से समान प्रकृति वाले समूहों में बदल जाता है।

**वर्गीकरण के उद्देश्य**

- **सरलीकरण**–वर्गीकरण करने से आँकड़ों का विश्लेषण करना सरल हो जाता है।

- **समानता**—एक ही प्रकार की सभी इकाइयों को एक वर्ग में रखने से कुछ मायनों में उनकी समानता का पता स्पष्ट रूप से लग जाता है। यदि महिलाओं का वर्गीकरण शिक्षा या फिर उनके कामकाजी या गृहस्थ होने के आधार पर किया जाए तो एक ही नज़र में पता चल जाएगा कि कितनी महिलाएँ घरेलू हैं और कितनी कामकाजी या फिर कितनी बहुत ज्यादा पढ़ी-लिखी हैं और कितनी कम।
- **इकाइयों के बीच समानता और असमानता का अन्तर**— वर्गीकरण करने से विभिन्न इकाइयों के बीच समानता-या असमानता के अन्तर को स्पष्ट रूप से देखा जा सकता है। यदि आय के आधार पर लोगों का वर्गीकरण किया जाये तो गरीबी रेखा से नीचे, निम्न मध्यम वर्ग, मध्यम वर्ग और उच्च वर्ग के बीच का अन्तर साफ दिखाई देगा।
- **तुलनात्मक अध्ययन**—वर्गीकरण तुलनात्मक अध्ययन को सम्भव करता है।
- **तार्किकता**—तथ्यों को तार्किक रूप और संक्षेप में प्रस्तुत करने के लिए वर्गीकरण बहुत उपयोगी नुस्खा है।

**वर्गीकरण के प्रकार**

| गुणात्मक वर्गीकरण (Qualitative Classification) | मात्रात्मक वर्गीकरण (Quantitative Classification) |
|---|---|

**चित्र 4.4 : आँकड़ों का वर्गीकरण**

**गुणात्मक वर्गीकरण**

जैसा कि नाम से स्पष्ट है, इसमें वर्गीकरण कुछ गुणों या चारित्रिक विशेषताओं के आधार पर किया जाता है। मूलतः इसे लक्षणों के आधार पर वर्गीकरण कहा जाता है। जैसे नकारात्मक सोच और सकारात्मक सोच अमीर और गरीब, शिक्षित और अशिक्षित। यदि पत्रिकाओं का वर्गीकरण करें तो लक्षण के आधार पर साप्ताहिक, पाक्षिक, मासिक, त्रैमासिक, अर्द्धवार्षिक या वार्षिक किया जा सकता है।

**मात्रात्मक वर्गीकरण**

मात्रात्मक विधि में वर्गीकरण यूनिवर्स के गुणों या लक्षणों की बजाय वैरिएबल पर आधारित होता है। यहाँ वर्गीकरण उनकी मौजूदगी या गैर-मौजूदगी के आधार पर नहीं होता। यदि आयु, योग्यता या आय का वर्गीकरण करना है तो यह संख्या या मात्रा पर आधारित होगा, जिसमें वैरिएबल होंगे न कि मौजूदगी या गैर-मौजूदगी के आधार पर।

## 3. सारणीयन (Tabulation)

कोडिंग और वर्गीकरण के बाद आँकड़ों को अलग-अलग सारणियों या तालिकाओं में व्यवस्थित किया जाता है। वर्गीकरण यदि सावधानीपूर्वक किया गया है तो उसकी सारणी (Table) बनाने में कोई मुश्किल नहीं होती।

वर्गीकरण और सारणीयन दोनों एक-दूसरे पर निर्भर करते हैं।

प्रोफेसर नीसवेंगर (Prof. Neiswanger) के अनुसार—“आँकड़ों को व्यवस्थित ढंग से कॉलम और पंक्तियों में रखना, सारणीयन है।”

एल. आर. कोतोर लिखते हैं—“संख्यात्मक आँकड़ों को क्रमशः और व्यवस्थित रूप में रखना, ताकि विचाराधीन समस्या को स्पष्ट रूप से समझा जा सके, सारणीयन है।”

## सारणीयन के लाभ

- पैराग्राफ या वाक्यों में लिखी सूचना की बजाय उसे सारणी में पढ़ना और समझना ज्यादा आसान होता है।
- जब आँकड़े अच्छी तरह से सारणी में प्रस्तुत किये जाते हैं तो उनका महत्त्व स्पष्ट रूप से समझ आता है। देखने वाला एक झलक में उनकी प्रासंगिकता जान सकता है।
- सारणी में प्रस्तुत आँकड़ों का तुलनात्मक अध्ययन आसानी से किया जा सकता है।
- किसी भी शोध अध्ययन में बड़ी संख्या में आँकड़े एकत्र किये जाते हैं, इन्हें वाक्यों या पैराग्राफ में प्रस्तुत करें तो वे बहुत स्थान घेरेंगे और उलझाव पैदा करेंगे, जबकि सारणीबद्ध (Tabulated) आँकड़े कम स्थान घेरते हैं और एक ही झलक में स्पष्ट रूप से दिखाई दे जाते हैं।

विभिन्न राज्यों से प्रकाशित होने वाले समाचारपत्रों का अध्ययन करते हुए आँकड़ों को कुछ इस प्रकार सारणी में प्रस्तुत किया जा सकता है—

| राज्य | अवधि | हिन्दी | प्रसार संख्या | अंग्रेजी | प्रसार संख्या | प्रादेशिक भाषा | प्रसार संख्या |
|---|---|---|---|---|---|---|---|
| प. बंगाल | दैनिक | | | | | | |
| | साप्ताहिक | | | | | | |
| | पाक्षिक | | | | | | |
| | मासिक | | | | | | |
| | **कुल योग** | | | | | | |

**तालिका 4.2 : आँकड़ों के सारणीयन का एक उदाहरण**

उक्त तालिका में भारत के एक राज्य पश्चिम बंगाल से प्रकाशित होने वाले समाचार-पत्रों की प्रसार संख्या काल-अवधि के अनुसार और भाषा के अनुसार स्थिति आसानी से जानी जा सकती है।

आँकड़ों को सारणीबद्ध करते हुए विशेष सावधानी की आवश्यकता होती है। थोड़ी-सी लापरवाही के कारण नमूना-त्रुटियाँ आ जायेंगी और निष्कर्ष वैध नहीं कहलाएगा।

## सन्दर्भ


- Roger D. Wimmer and Joseph R. Dominick (2011), Mass Media Research: An Introduction (9th Edition), Cengage Learning, New Delhi

- Prof. S.R. Bajpai (1960), Methods of Social Survey and Research, Kitab Ghar, Kanpur
- Pauline V. Young (2010), Scientific Social Surveys and Research (4th Edition), PHI Learning, New Delhi
- Prof. (Dr.) Devesh Kishore (2013), Handbook of Communication Research, Makhanlal Chaturvedi National University of Journalism, Bhopal
- Fred N. Kerlinger (2007), Foundation of Behaviour and Research, (10th Reprint)., Surjeet Publication, Delhi
- डॉ॰ मनोज दयाल (2010), मीडिया शोध (तृतीय संस्करण), हरियाणा साहित्य अकादमी, पंचकूला, हरियाणा
- जी.के. अग्रवाल, एस.एस. पांडेय (2000), सामाजिक शोध, पुस्तक महल, पटना

अध्याय 5

# नमूना-विधि

## Sampling

शोध के सन्दर्भ में अंग्रेजी शब्द 'सैम्पल' के लिए हिन्दी में तकनीकी शब्द 'निदर्शन' है, जिसे सामान्य भाषा में 'नमूना' कहा जा सकता है। 'सैम्पल' तैयार करने की प्रक्रिया 'सैम्पलिंग' कहलाती है, अर्थात् नमूना-विधि। इस प्रक्रिया को समझने से पहले दो पारिभाषिक शब्दों—भौगोलिक क्षेत्र (Universe) और जनसंख्या (Population) के बारे में जानना आवश्यक होगा।

अध्ययन या शोध के लिए चुना गया भौगोलिक क्षेत्र कोई स्थान विशेष, व्यक्ति, व्यक्ति समूह, घटनाक्रम, दस्तावेजों का संग्रह आदि हो सकता है। 'जनसंख्या' उस भौगोलिक क्षेत्र की प्रत्येक इकाई है। उदाहरण के लिए यदि दिल्ली के युवाओं की टेलिविजन देखने की आदतों पर अध्ययन करना है तो पूरी दिल्ली 'यूनिवर्स' अर्थात् भौगोलिक क्षेत्र होगी और इसमें रहने वाले सभी युवा 'जनसंख्या'।

इस अध्ययन के लिए दिल्ली में रहने वाले सभी युवाओं से सम्पर्क कर उनकी आदतों को जानना सम्भव नहीं होगा, अतः दिल्ली को विभिन्न इलाकों के विभिन्न वर्गों का प्रतिनिधित्व करने वाले कुछ युवाओं को चुनकर उनसे प्राप्त सूचनाओं के आधार पर अध्ययन करना आसान होगा। सम्पूर्ण जनसंख्या में प्रतिनिधि इकाइयों का चुनाव नमूना (Sample) होगा और यह प्रक्रिया सैम्पलिंग अर्थात् नमूना-विधि कहलायेगी। इसे एक चित्र के माध्यम से समझा जा सकता है।

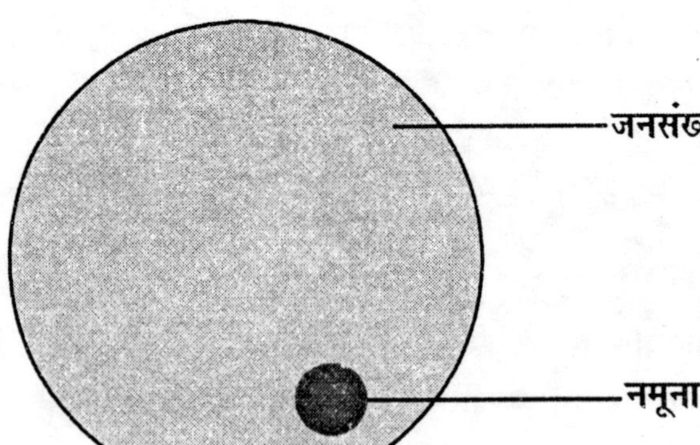


**चित्र 5.1 : नमूना (Sample) दर्शाने वाला वैन डायग्राम**

रोजर डी. विमर और जोसेफ आर. डोमिनिक के अनुसार—"जनसंख्या का वह छोटा हिस्सा जो पूरी जनसंख्या का प्रतिनिधित्व करता हो, नमूना (Sample) कहलाता है। वह नमूना जो किसी भी कारण से चाहे वह आकार ही क्यों न हो, उस जनसंख्या का प्रतिनिधित्व नहीं करता है, परीक्षण (Testing) के उद्देश्य से अपर्याप्त है। क्योंकि ऐसी स्थिति में परिणामों का सामान्यीकरण नहीं किया जा सकता।"

प्रो. देवेश किशोर नमूने को इस तरह परिभाषित करते हैं—"सम्पूर्ण जनसंख्या या भौगोलिक क्षेत्र का प्रतिनिधित्व करने वाली इकाइयाँ नमूना हैं।"

इस प्रकार हम कह सकते हैं कि सम्पूर्ण जनसंख्या में से प्रतिनिधि इकाइयों के चुनाव की प्रक्रिया 'सैम्पलिंग' अर्थात् नमूना-विधि है और शोध अध्ययन के लिए निर्धारित जनसंख्या का चुना हुआ प्रतिनिधि भाग नमूना है। यह नमूना व्यक्ति, व्यक्ति-समूह या कोई घटनाक्रम भी हो सकता है।

यदि हम एक पतीले में चावल पका रहे हैं तो वे पके हैं या नहीं, यह जाँचने के लिए हम पतीले से एक चम्मच में चावल लेकर देख लेते हैं। पतीले में से चम्मच में चावलों को लेकर जाँचना ही 'सैम्पलिंग' है और चम्मच में आये चावल 'सैम्पल'।

## नमूना-विधि के लाभ

नमूना विधि के अनेक लाभ हैं—

1. **समय की बचत**—सम्पूर्ण जनसंख्या का अध्ययन करने की बजाय अगर उसमें से लिए गये नमूने का अध्ययन किया जाये तो निश्चित ही समय की बचत होगी। जनगणना (Census) विधि की अपेक्षा इस विधि में कम समय में शीघ्र परिणाम प्राप्त किये जा सकते हैं।

2. **अध्ययन**—इकाइयों की संख्या अधिक होने पर गहन अध्ययन करना सम्भव नहीं होता। जब इकाइयाँ संख्या में कम होंगी तभी उनका गहनतापूर्वक, विस्तृत अध्ययन किया जा सकेगा।

3. **प्रशासनिक सुविधा**—छोटे नमूने को व्यवस्थित करना, वर्गीकृत करना आसान होता है। इसके लिए संसाधनों का प्रबन्धन करना कठिन नहीं होता।

4. **धन की बचत**—कुछ चुनी हुई प्रतिनिधि-इकाइयों का सर्वेक्षण, अवलोकन करने में निश्चित ही धन की बचत होती है। क्षेत्र कार्य (Field Work) के लिए कम व्यक्तियों से काम हो जाता है और उनके आने-जाने आदि पर भी धन कम खर्च होता है।

5. **सटीक परिणाम**—यदि नमूना सही ढंग से, सावधानी पूर्वक लिया गया है तो अध्ययन का निष्कर्ष और परिणाम काफी हद तक सटीक आते हैं।

## नमूना-विधि की सीमाएँ

1. **पूर्वग्रह की सम्भावना**—नमूना-विधि में सबसे बड़ी कमी यह मानी जाती है कि इसमें इकाइयों के चुनाव में पूर्वग्रह की सम्भावना बराबर बनी रहती है, जिसके कारण निष्कर्ष रूप में किया गया सामान्यीकरण असत्य हो सकता है। यह पूर्वग्रह नमूना-विधि में गलत तरीके अपनाने के कारण भी हो सकता है और शोधकर्त्ता के पक्षपातपूर्ण व्यवहार के कारण भी।

2. **प्रतिनिधि नमूना चुनने में कठिनाई**—नमूना विधि के परिणाम तभी सटीक और उपयोगी होंगे, जब नमूना

पूरे समूह या जनसंख्या का प्रतिनिधित्व करता हो। सही मायनों में प्रतिनिधि नमूने का चुनाव उस स्थिति में और भी कठिन हो जाता है, जबकि शोध या अध्ययन बहुत जटिल प्रकृति का हो जैसा कि संचार शोध।

3. **विशेष ज्ञान की आवश्यकता**—नमूना-विधि के उपयोग के लिए आवश्यक है कि शोधार्थी को इसमें विशेष कौशल और ज्ञान हो जैसे कि तकनीक, सांख्यिकी विश्लेषण, सम्भावित त्रुटियों का अनुमान और गणना आदि। इस विशिष्ट ज्ञान के अभाव में यदि शोधार्थी नमूना-विधि का प्रयोग करता है तो उससे भारी गलतियां हो सकती हैं और शोध के निष्कर्ष गलत हो सकते हैं।

4. **अपर्याप्त**—कभी-कभी शोध का भौगोलिक क्षेत्र बहुत छोटा या इतनी विविधता लिए होता है कि उसमें से प्रतिनिधि नमूना चुनना बहुत कठिन हो जाता है, ऐसी स्थिति में जनगणना विधि ही एकमात्र विकल्प बचता है। उन अध्ययनों में भी जहाँ सटीकता के बहुत ऊँचे मापदंडों का पालन जरूरी होता है, वहाँ यह विधि कारगर नहीं होती। चाहे कितनी भी सावधानी से नमूना लिया जाये, उसमें त्रुटियों की सम्भावना बराबर बनी रहती है।

## नमूना-विधि के प्रकार (Types of Sampling)

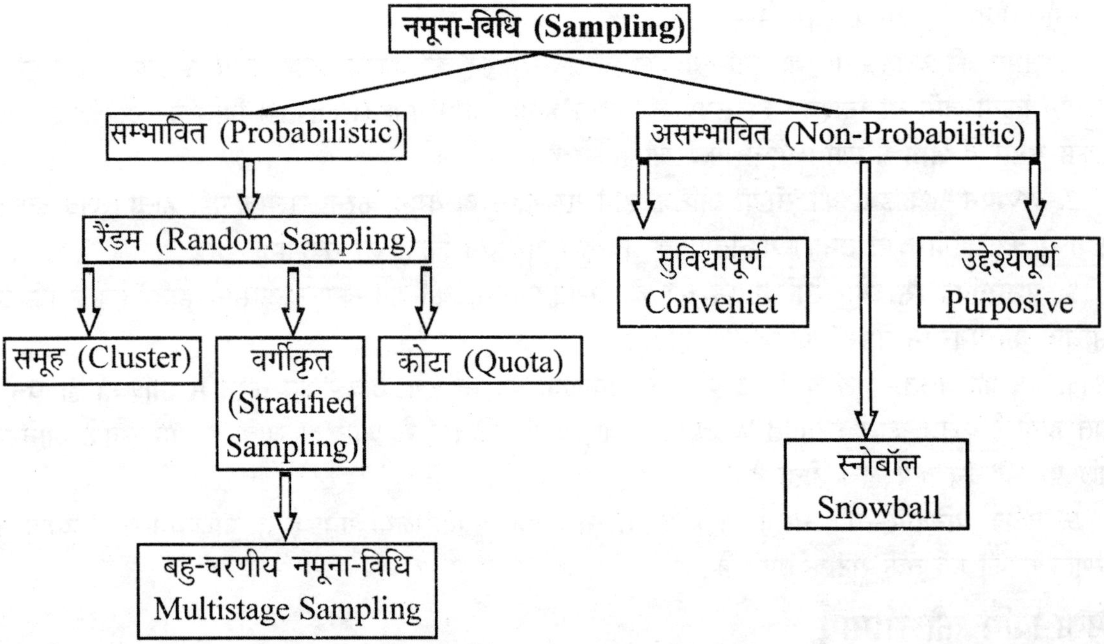


**चित्र 5.2 : नमूना-विधि के प्रकार**

(स्रोत : हैंडबुक ऑफ कम्युनिकेशन रिसर्च)

## 1. सम्भावित नमूना-विधि (Probablistic Sampling)

सम्भावित सैम्पलिंग में जनसंख्या की प्रत्येक इकाई के पास चुने जाने का अवसर रहता है। इकाई का चुनाव संयोग (Chance) पर निर्भर करता है। इस चुनाव के लिए पूर्व-निर्धारित रणनीति नहीं होती। नमूना

त्रुटि (Sample Error) को मापने के लिए कुछ सिद्धान्त होते हैं जिनकी सहायता से सटीकता की जाँच की जा सकती है। सम्भावित नमूना-विधि में कई प्रकार से नमूने-का चुनाव किया जाता है।

### (क) रैंडम विधि

चूँकि यह सम्भावित विधि का ही एक प्रकार है, इसलिए यूनिवर्स की हर इकाई के पास चुनाव का पूर्ण अवसर रहता है। लेकिन यह चुनाव बिना सोचे-समझे या 'यूँ ही कुछ भी उठा लिया' जैसी प्रक्रिया नहीं है। रैंडम विधि को समानुपातिक (Proportionate) विधि भी कहा जाता है, क्योंकि जनसंख्या की प्रत्येक इकाई का चुनाव समान अनुपात में किया जाता है। रैंडम विधि समजातीय या अपेक्षाकृत बड़े समूह में सैम्पलिंग के लिए ज्यादा उपयुक्त है। लेकिन जहाँ समूहों के आकार आदि में बहुत विविधता है, वहाँ इस विधि का प्रयोग सफलतापूर्वक नहीं किया जा सकता।

**रैंडम नमूना लेने की विधियाँ**

रैंडम नमूना लेने के लिए आमतौर पर निम्नलिखित विधियों का प्रयोग किया जाता है–

**1. लॉटरी**–इस विधि में जनसंख्या की विभिन्न इकाइयों के नाम एक पर्ची पर लिख दिये जाते हैं और उन पर्चियों को किसी बक्से या डिब्बे में डालकर मिला दिया जाता है। आवश्यकता के अनुसार पर्चियाँ निकाल ली जाती हैं।

**2. टिपेट संख्या**–एल.एच.सी. टिपेट ने चार अंकों वाली 10,400 संख्याओं की सूची बनायी, जिन्हें रैंडम आधार पर हर पृष्ठ पर लिख दिया गया। यह विधि एक हजार (1000) से अधिक संख्या पर शोध कार्य के लिए बहुत उपयोगी है। टिपेट तालिका बाजार में मिल जाती है। इसके आधार पर हम प्रत्येक इकाई के लिए एक सुनिशिचित संख्या निर्धारित कर देते हैं, उसके बाद रैंडम विधि से पृष्ठ संख्या या इकाई चुन लेते हैं। टिपेट तालिका के अनुसार पहली बीस संख्याओं की सूची निम्नलिखित हैं–

| | | | |
|---|---|---|---|
| 4176 | 9115 | 2654 | 6251 |
| 0650 | 7013 | 1976 | 4322 |
| 2452 | 6787 | 4313 | 8555 |
| 9613 | 4646 | 7052 | 6281 |
| 1067 | 6818 | 3261 | 5432 |

**तालिका 5.1 : टिपेट तालिका का एक अंश**

टिपेट संख्या सूची की तरह रैंडम संख्या तालिका भी बाजार में या इंटरनेट पर मिल जाती है। इस तालिका में दी गयी संख्याओं के अनुसार हम प्रत्येक इकाई को एक संख्या दे देते हैं। मान लीजिए किसी इलाके की जनगणना रिपोर्ट से नमूना लेना है तो इस विधि में हम रिपोर्ट के प्रत्येक पृष्ठ को रैंडम तालिका के क्रमानुसार एक संख्या दे देंगे।

**3. क्रमवार बनी सूची में से चुनना**–इस तकनीक में पहले नामों या संख्याओं को एक विशेष क्रम में लिख दिया जाता है। यह क्रम वर्णमाला (Alphabetical) के अनुसार या भू-क्षेत्रानुसार हो सकता है। इस सूची में

से हर पाँचवीं संख्या या दसवीं या इस तरह कोई भी संख्या तय कर ली जाती है। चुनने की शुरुआत मध्य, अन्त या प्रारम्भ से की जा सकती है। यदि हमें प्रत्येक दसवीं इकाई चुननी है और चुनाव पाँच से शुरू करते हैं तो ये इकाइयाँ होंगी 5, 10, 25, 35 आदि।

**4. ग्रिड विधि**—रैंडम नमूना चुनने के लिए ग्रिड विधि का प्रयोग किया जाता है। इस विधि में पूरे क्षेत्र का एक नक्शा तैयार किया जाता है। उसके बाद चार खानों वाला 'बटर पेपर' उस नक्शे पर रख कर रैंडम तरीके से कुछ चौकोरों को चुनकर उनमें पेंसिल से गहरा निशान बना लिया जाता है। अब शेष बचे चौकोरों को नमूने के तौर पर चुना जा सकता है।

**रैंडम विधि के दौरान बरती जाने वाली सावधानियाँ**

(क) जनसंख्या स्पष्ट रूप से निश्चित और परिभाषित होनी चाहिए। चुने जाने के उद्देश्य से सभी इकाइयों की सूची तैयार होनी चाहिए।

(ख) अलग-अलग आकार की इकाइयों का अनुपात समान होना चाहिए।

(ग) प्रत्येक इकाई स्वतन्त्र होनी चाहिए। जैसे युवाओं में कॉलेज जाने वाले और नौकरी करने वाले।

(घ) प्रत्येक इकाई तक पहुँच होनी चाहिए।

**रैंडम विधि के लाभ**

(क) पूर्वाग्रह (Biasness) की सम्भावना नहीं रहती।

(ख) नमूना-प्रक्रिया शोधार्थी की अपनी निजी इच्छा से प्रभावित नहीं होती, क्योंकि प्रत्येक इकाई को प्रतिनिधित्व का पूरा अवसर मिलता है।

(ग) नमूना-विधि में आयी त्रुटियों का आकलन आसानी से किया जा सकता है।

**रैंडम विधि की सीमाएँ**

(क) यूनिवर्स को पूरा सूचीबद्ध करना या सूचीबद्ध यूनिवर्स का मिलना मुश्किल होता है। इस कारण रैंडम विधि को बार-बार पूरी तरह अपनाना हमेशा सम्भव नहीं होता।

(ख) पूरे नमूने पर टिके रहना सम्भव नहीं होता, क्योंकि चुनी हुई हर इकाई कई बार बहुत बड़े क्षेत्र तक फैली होती है और इस कारण सम्पर्क करना भी असंभव होता है।

(ग) अगर सभी इकाइयाँ समान आकार की नहीं हैं और भू-क्षेत्र के अलग-अलग समूहों में बहुत विविधता है तो उस स्थिति में रैंडम विधि उपयोगी नहीं है।

## (ख) समूह नमूना-विधि (Cluster Sampling)

यह भी एक प्रकार से रैंडम विधि ही है, लेकिन इसमें नमूना इकाइयाँ यूनिवर्स की स्वतन्त्र घटक (Elements) नहीं होती, बल्कि घटकों के समूहों को इकाई माना जाता है। यदि कोई शोधार्थी दिल्ली-एन.सी.आर (राष्ट्रीय राजधानी क्षेत्र) की महिलाओं की मीडिया सम्बन्धी आदतों का अध्ययन करना चाहता है, तो वह दिल्ली, नौएडा, गुड़गाँव, फरीदाबाद की महिलाओं के अलग-अलग समूह बनाएगा। समूह बनाने के अन्य आधार भी हो सकते हैं, जैसे—कामकाजी, गृहिणी, कॉलेज जाने वाली महिलाएँ। शिक्षा के आधार पर भी समूह बनाये जा सकते हैं, जैसे—8वीं 10वीं पढ़ी महिलाएँ, 10वीं से 12वीं, स्नातक (Graduate) शिक्षा प्राप्त और परास्नातक (Post Graduate) और इससे अधिक शिक्षा पाने वाली महिलाएँ।

## (ग) वर्गीकृत नमूना-विधि (Stratified Sampling)

इस विधि में यूनिवर्स को अलग-अलग वर्गों में बाँट दिया जाता है और हर वर्ग से स्वतन्त्र रूप से रैंडम विधि से नमूना लिया जाता है। उदाहरण के लिए हम दिल्ली के ग्रामीण इलाकों में शिक्षा के कारण महिलाओं के व्यवहार में आये बदलाव का अध्ययन करना चाहते हैं तो महिलाओं को प्राथमिक (Primary), माध्यमिक (Middle) और उच्च (High School) और उससे ऊपर शिक्षित वर्गों में बाँटेंगे और हर वर्ग से स्वतन्त्र रूप से नमूना लेंगे।

यह विधि पूरी तरह विभिन्न वर्गों के निर्माण पर निर्भर है। अगर वर्गीकरण सोच-समझकर किया गया है तो इकाइयों की संख्या कम होने पर भी वह पर्याप्त प्रतिनिधित्व करने वाला नमूना होगा। इसी प्रकार यदि हमारे अध्ययन का विषय 'कम्पनी' है तो इसमें प्रबन्धकों, सुपरवाइजरों, स्किल्ड कर्मचारी, अनस्किल्ड कर्मचारियों के अलग-अलग वर्ग बनाये जा सकते हैं।

**वर्गीकृत विधि के लाभ**

(क) हर समूह का प्रतिनिधित्व होता है। शोधकर्त्ता का नमूने पर काफी नियन्त्रण होता है।

(ख) यदि वर्गीकरण सही है तो कम इकाइयाँ होने के बावजूद सभी का प्रतिनिधित्व होता है।

(ग) यदि कोई व्यक्ति सर्वेक्षण के दौरान सहयोग करने से मना कर देता है तो उसी वर्ग में से किसी दूसरे व्यक्ति को उसके स्थान पर लिया जा सकता है।

**वर्गीकृत विधि की सीमाएं**

(क) यदि वर्गीकरण ठीक नहीं है तो नमूना पूर्वाग्रह-ग्रस्त हो सकता है।

(ख) हर स्थिति में हर वर्ग का आकार समान रखना होता है। ऐसी स्थिति में यदि विभिन्न वर्गों का आकार विविधतापूर्ण है, तब वर्गीकृत विधि अपनाना मुश्किल होता है।

## (घ) कोटा विधि (Quota Sampling)

यह वर्गीकृत नमूना-विधि का ही एक विशेष प्रकार है। इसमें यूनिवर्स को पहले अलग-अलग वर्गों में बाँट दिया जाता है। इसके बाद प्रत्येक वर्ग में चुनी जाने वाली संख्या सुनिश्चित कर ली जाती है। यह संख्या ही कोटा कहलाती है। सामान्यतः शोधार्थी को वर्ग में से अपनी इच्छा के अनुसार कोटा चुनने के लिए कहा जाता है। यह विधि समान प्रतिनिधित्व में मदद करती है। मान लीजिए किसी शोधार्थी को एक क्षेत्र (इलाके) का अध्ययन करना है और इलाके में 48% हिन्दू, 24% मुसलमान, 20% सिख और 8% ईसाई रहते हैं। इनका प्रतिनिधि नमूना लेने के लिए शोधार्थी को हर वर्ग से एक निश्चित कोटा तय करना होगा। ऊपर दिये गये उदाहरण में कुल जनसंख्या 100 लोगों की है। हम हर वर्ग में से यदि 50% लेते हैं तो हिन्दुओं की संख्या 24, मुसलमानों की 12, सिखों की 10, और ईसाइयों की संख्या 4 होगी।

## (ङ) बहु-चरणीय नमूना विधि (Multi-Stage Sampling)

इस विधि का प्रयोग आमतौर पर विशाल क्षेत्र से नमूना चुनने के लिए किया जाता है। इसमें नमूने का चुनाव विभिन्न चरणों में किया जाता है उदाहरण के लिए 'दिल्ली शहर' हमारे किसी अध्ययन का विषय है तो इतनी बड़ी आबादी वाले शहर से नमूना लेने के लिए बहु-चरणीय नमूना विधि का प्रयोग करना ज्यादा आसान होगा। इसकी प्रक्रिया कुछ इस प्रकार होगी—

1. पूरे शहर को समजातीय इलाकों में बाँट लें। यह ध्यान रखें कि इलाके आकार में लगभग बराबर हों और उनमें कुछ समानता हो।

2. इलाकों में से दो प्राइमरी इलाके रैंडम विधि से चुनें।

3. हर प्राइमरी इलाके में से एक ब्लॉक (मकानों का समूह) चुन लें।

4. हर ब्लॉक से रैंडम तरीके से कुछ घर चुन लें।

इस प्रकार हम देखते हैं कई चरणों से गुजरने के बाद हम अपने नमूने को अन्तिम रूप दे पाये।

## 2. असम्भावित नमूना विधि (Non-Probablistic Sampling)

जो नमूना रैंडम आधार पर नहीं लिया जाता, उसे गैर-सम्भावित नमूना विधि कहते हैं। इससे किसी उद्देश्य विशेष को ध्यान में रखते हुए इकाइयों का चुनाव किया जाता है, क्योंकि शोधकर्त्ता का फोकस प्रतिनिधित्व या सामान्यीकरण पर नहीं होता। इस विधि से नमूना लेने में 'नमूना' त्रुटियों का आकलन आसान नहीं होता, जबकि सम्भावित में यह आसान होता है। गैर-सम्भावित नमूना विधि के कई प्रकार हैं–

### (क) सुविधापूर्ण नमूना-विधि (Convenient Sampling)

इसे आमतौर पर अव्यवस्थित, अवसरवादी, लापरवाह तरीका माना जाता है। इस विधि में शोधार्थी या इन्वेस्टिगेटर अपनी सुविधा के अनुसार नमूना चुनता हैं यह सुविधा स्रोत सूची की उपलब्धता या इकाइयों तक पहुँच के सन्दर्भ में भी हो सकती है। इस विधि को सर्वाधिक अवैज्ञानिक तरीका माना जाता है, इसके बावजूद बड़ी संख्या में नमूने इसी विधि से लिए जाते हैं। इस विधि का प्रयोग निम्नलिखित स्थितियों में किया जा सकता है–

(क) यदि इकाइयों के बारे में स्पष्टता न हो।

(ख) नमूना इकाइयों के बारे में स्पष्टता न हो।

(ग) पूरी स्रोत सूची उपलब्ध न हो।

### (ख) उद्देश्यपूर्ण नमूना-विधि (Purposive Sampling)

जब शोधकर्त्ता जानबूझकर या किसी उद्देश्य विशेष से कुछ सुनिश्चित इकाइयों का ही चुनाव यूनिवर्स में से करता है तो यह सोद्देश्य नमूना-विधि कहलाती है। इस प्रकार के नमूने में सब कुछ चुनाव करने वाले शोधार्थी की इच्छा और जरूरत पर निर्भर करता है, कुछ भी संयोगवश नहीं होता।

**विशेषताएँ**

- इसका लक्ष्य ऐसा प्रतिनिध नमूना चुनना होता, जिसमें पूरे यूनिवर्स के सभी गुण समान अनुपात में शामिल हों।
- प्रतिनिधि नमूना चुनने के लिए यह आवश्यक है कि शोधकर्त्ता को यूनिवर्स के बारे में पूरी जानकारी हो।
- शोधकर्त्ता अपने आप को पूर्वाग्रह से ग्रस्त न होने दे।
- यह अपेक्षाकृत कम खर्चीली विधि है।
- उन स्थितियों में यह विधि ज्यादा उपयोगी है जबकि कुछ इकाइयाँ बहुत महत्त्वपूर्ण हों और उन्हें शामिल करना बहुत आवश्यक हो।

### (ग) स्नोबॉल नमूना-विधि (Snowball Sampling)

स्नोबॉल विधि उन शोधों या अध्ययनों के लिए बहुत उपयोगी है, जहाँ जनसंख्या की इकाइयाँ (Population Units) पूरी तरह ज्ञात नहीं होतीं या उन तक पहुँचना आसान नहीं होता। इस कारण उन्हें सूचीबद्ध भी नहीं किया जा सकता। इस विधि में 'रेफेरल' तकनीक का प्रयोग किया जाता है। एक व्यक्ति दूसरे की जानकारी देता है, दूसरा अन्य तीसरे की, तीसरा किसी और समूह की और वह आगे की इकाइयों तक पहुँचाता है। इस प्रकार 'रेफ्रेंस' की एक शृंखला बन जाती है। इसमें प्रारम्भिक उत्तरदाता से अन्य अपने जैसे ही लोगों की जानकारी देने के लिए निवेदन किया जाता है। इस विधि का प्रयोग अंडरवर्ल्ड संगठनों, देह-व्यापार में जुड़े लोगों, कालगर्ल्स, अपराधियों, एड्स के मरीजों आदि पर अध्ययनों में किया जाता है। इस विधि में पूर्ण प्रतिनिधित्व की गारंटी नहीं होती।

**अच्छी नमूना-विधि के मापदंड**

- उस विधि से नमूने का चुनाव किया जाये, जो यूनिवर्स का सही मायनों में प्रतिनिधित्व करती हो।
- जिसमें नमूना-त्रुटियाँ (Sampling Errors) कम से कम हों।
- अच्छी विधि वही है, जो पूर्वाग्रह को नियन्त्रित कर सके।
- जो विधि ज्यादा खर्चीली न हो, जिसे आसानी से उपलब्ध धन में सरलता से कार्यरूप दिया जा सके, वही अच्छी मानी जाती है।
- जिसके परिणाम सुनिश्चित हों, जिसके माध्यम से यूनिवर्स का सामान्यीकरण किया जा सके।

## नमूना-इकाइयाँ चुनने की प्रक्रिया (Process of Selecting Sample Units from the Universe)

यूनिवर्स में से नमूना इकाइयाँ चुनने की प्रक्रिया विभिन्न चरणों में पूरी होती है। ये चरण क्रमशः निम्नलिखित हैं–

**नमूना-इकाइयाँ चुनने के विभिन्न चरण**

1. यूनिवर्स का निर्धारण

⇩

2. नमूना इकाई सुनिश्चित करना

⇩

3. स्रोत-सूची तैयार करना

⇩

4. बेहतर नमूने का सम्भावित आकार तय करना

⇩

5. प्रतिनिधि नमूने की परख करना

⇩

6. नमूने की विश्वसनीयता की जाँच

**चित्र 5.3 : नमूना इकाइयाँ चुनने के विभिन्न चरण**

### 1. यूनिवर्स का निर्धारण

जिस पूरे समूह में से नमूना चुना जाता है, उसे शोध की तकनीकी भाषा में यूनिवर्स कहते हैं। इसलिए नमूना चुनने से पहले हमारे दिमाग में उस यूनिवर्स का चित्र बिल्कुल स्पष्ट होना चाहिए, जिससे नमूना चुना जाना है। जब यूनिवर्स की भौगोलिक सीमाएँ होती हैं, तब उसे पहचानना बहुत आसान होता है, किन्तु अगर यूनिवर्स गुणवत्ता या किसी लक्षण विशेष पर आधारित है तो उसे निर्धारित करना या पहचानना थोड़ा मुश्किल होता है। उदाहरण के लिए यदि हमें किसी टी.वी. कार्यक्रम के बारे में लोगों के विचार जानने हैं, तो यूनिवर्स में वे सभी लोग शामिल होंगे, जो वह कार्यक्रम देखते हों। ऐसे में उस कार्यक्रम के दर्शकों को चिह्नित करना मुश्किल होता है।

**यूनिवर्स के प्रकार (Types of Universe)**

सुनिश्चित | अनिश्चित | परिकल्पित

**चित्र 5.4 : विभिन्न प्रकार के यूनिवर्स**

(क) **सुनिश्चित**—जहाँ यूनिवर्स की इकाइयों की संख्या अच्छी तरह ज्ञात हो, वह सुनिश्चित यूनिवर्स होता है, जैसे कम्पनियों के कर्मचारी, स्थान विशेष के निवासी, कॉलेज या विश्वविद्यालय के छात्र आदि।

(ख) **अनिश्चित**—जहाँ यूनिवर्स में शामिल होने वाली इकाइयों की संख्या ज्ञात न हो, उसे हम अनिश्चित यूनिवर्स कह सकते हैं। वहाँ भी यूनिवर्स अनिश्चित होता है जहाँ जनसंख्या के व्यवहार या स्वभाव में लगातार बदलाव आता है। जैसे टेलिविजन चैनलों के दर्शक, रेडियो कार्यक्रमों के श्रोता और समाचारपत्र या पत्रिका विशेष के पाठक।

(ग) **परिकल्पित (Hypothetical)**—जहाँ हमारा पूरा यूनिवर्स परिकल्पित होता है। सांख्यिकीय सामान्यीकरण (Statistical Generalisations) का आधार आमतौर पर परिकल्पित यूनिवर्स होता है। अलग-अलग आयु वर्ग में किसी विशेष प्रकार का रुझान या व्यवहार इसी प्रकार से जाना जाता है। यदि किसी स्थान विशेष की जनसंख्या का रुझान किसी एक तरफ है, तो हम उसमें अलग-अलग आयु वर्गों में भी वही रुझान पायेंगे और इस प्रकार हर आयु वर्ग के लोगों की संख्या सुनिश्चित करेंगे। इस प्रकार यूनिवर्स परिकल्पना पर आधारित होगा।

### 2. नमूना इकाइयाँ (Sampling Units) सुनिश्चित करना

किसी भी शोध या अध्ययन के लिए नमूना लेने से पहले हमें उसकी इकाइयाँ सुनिश्चित करनी होती हैं। ये इकाइयाँ हो सकती हैं— घर, परिवार, व्यक्ति या समूह। इकाइयों को मुख्य रूप से निम्न वर्गों में बाँटा जा सकता है—

I. भौगोलिक इकाइयाँ—राज्य, जिला, शहर, गाँव, प्रदेश आदि।

II. ढाँचागत इकाइयाँ—मकान, फ्लैट, अपार्टमेंट आदि।

III. सामाजिक समूह इकाइयाँ—परिवार, क्लब, कॉलेज, एन.जी.ओ. आदि।

IV. व्यक्ति विशेष

V. संस्थागत—कम्पनी, कारखाने आदि

**अच्छी नमूना इकाई की विशेषताएँ—**

(क) इकाई सुस्पष्ट और सुनिश्चित होनी चाहिए। उसकी तथ्यात्मकता दिखाई दे और वह आसानी से ढूँढ़ी जा सके। जैसे कि 'ईमानदार व्यक्ति' को सुनिश्चित करना बहुत मुश्किल है, इसलिए यह सही इकाई नहीं है।

(ख) वह अध्ययन या शोध के लिए यथोचित होनी चाहिए। जैसे 'सोशल मीडिया का युवाओं पर प्रभाव'—विषय के लिए सबसे उचित इकाई युवा ही होंगे।

(ग) इकाई ऐसी हो, जिसका पता आसानी से लगाया जा सके।

## 3. स्रोत-सूची का निर्माण

वह सूची, जिसमें यूनिवर्स की उन सभी इकाइयों के नाम हों, जिनमें से नमूना चुना जाना है, स्रोत-सूची कहलाती है। यह सूची पहले से मौजूद हो सकती है या इसे बनाया भी जा सकता है। उदाहरण के लिए बी.एम.डब्लू. कारों के मालिक, मकान मालिक आदि इनकी सूची तो सम्बन्धित विभागों से मिल सकती है, लेकिन घरों में पेइंग गेस्ट के रूप में रहने वालों या किरायेदारों की सूची तो बनानी ही पड़ेगी।

**उपयोगी स्रोत-सूची की विशेषताएँ**

- इसमें अध्ययन के अन्तर्गत आनेवाला पूरा यूनिवर्स शामिल होना चाहिए।
- इसमें नवीनतम और वैध जानकारी होनी चाहिए।
- सभी इकाइयों के बारे में पूरी सूचना होनी चाहिए, ताकि नमूने का चुनाव किया जा सके। इसमें इकाइयों के पते भी होने चाहिए, ताकि उनसे सम्पर्क करना सम्भव हो सके।
- सूची में शामिल नाम दोहराये न जाएँ वरना नमूने के आकार का आकलन करने में त्रुटि हो सकती है।
- स्रोत-सूची विश्वसनीय होनी चाहिए और विश्वसनीयता के लिए आधिकारिक सूत्रों का प्रयोग करना चाहिए।
- स्रोत-सूची शोधकर्त्ता की पहुँच के भीतर होनी चाहिए अर्थात् उसे प्राप्त करने में कोई व्यावहारिक कठिनाई नहीं आनी चाहिए।

## 4. बेहतर नमूने का सम्भावित आकार तय करना

'सैम्पलिंग' की पूरी प्रक्रिया में नमूने का आकार तय करना महत्त्वपूर्ण कार्य है। नमूने के आकार का सीधा प्रभाव सटीकता, समय, खर्च और सर्वेक्षण के प्रबन्धन पर होता है।

- नमूने का अच्छा आकार वही है, जो पर्याप्तता, प्रतिनिधित्व, विश्वसनीयता और लचीलापन जैसी जरूरतों को पूरा करता है।
- नमूनों का आकार इतना हो, जिसमें काम पूरा हो और अनावश्यक खर्चों को छोड़ा जा सके, इसके अतिरिक्त कम-से-कम नमूना त्रुटियों की सम्भावना रहे।

### 5. प्रतिनिधि नमूने की परख

किसी भी नमूने की सबसे बड़ी विशेषता है कि वह यूनिवर्स का प्रतिनिधित्व करने वाला हो। यदि नमूना यूनिवर्स का प्रतिनिधित्व नहीं करता तो उसका कोई लाभ नहीं है। नमूना सभी मायनों में यूनिवर्स का समान प्रतिनिधि होना चाहिए, जैसे—आयु, आर्थिक स्थिति, शिक्षा आदि। यहाँ प्रतिनिधि नमूने का अर्थ है— समानता की वह स्थिति, जिससे वैध सामान्यीकरण (Valid Generalisation) किया जा सके और किसी निष्कर्ष तक पहुँचा जा सके।

### 6. नमूने की विश्वसनीयता की जाँच

शोधकर्त्ता को यह सुनिश्चित कर लेना चाहिए कि उसने जो नमूना चुना है वह विश्वसनीयता, प्रतिनिधित्व की कसौटी पर खरा उतरता हो और उससे वैध सामान्यीकरण किया जा सके।

नमूने की विश्वसनीयता जाँचने के लिए निम्नलिखित तरीके अपनाये जाते हैं—

(क) समान्तर नमूना लेकर— यूनिवर्स से ही एक और नमूना लेकर उन्हें गणितीय पैमानों (Mathematical measurements) के जरिये जाँचा जा सकता है।

(ख) मुख्य नमूने से ही उप-नमूना लेकर उसका गहन अध्ययन करते हुए मुख्य नमूने से उसके निष्कर्षों को जाँचा जा सकता है।

## नमूना-विधि में पूर्वाग्रह (Sampling Biases)

जो नमूना यूनिवर्स का प्रतिनिधित्व नहीं करता, उसे पूर्वाग्रह-ग्रस्त माना जाता है। निम्नलिखित में से कोई भी कारण नमूने को प्रर्वाग्रह-ग्रस्त बना सकता है—

- **बहुत छोटा आकार**—यदि नमूने का आकार बहुत छोटा है तो उसमें बहुत सारी इकाइयों को शामिल होने का अवसर नहीं मिलता। इसलिए नमूने का आकार इतना अवश्य होना चाहिए, जिसमें विभिन्न प्रकार की इकाइयों और प्रत्येक समूह को पर्याप्त अवसर मिले।

- **पक्षपातपूर्ण**—यदि अज्ञानता या किसी अन्य कारण से शोधकर्त्ता का झुकाव किसी एक तरफ होता है तो वह नमूना प्रतिनिधित्व नमूना नहीं कहलाएगा। इस पक्षपात के पीछे का कारण सुविधा, आराम या लापरवाही भी हो सकते हैं।

- **दोषपूर्ण वर्गीकरण**—अगर वर्गीकरण करते समय कहीं अलग-अलग इकाइयों को ठीक तरह से नहीं रखा गया है, कुछ वर्गों को अनावश्यक ज्यादा महत्त्व या कुछ को कम महत्त्व दिया गया है, अथवा उनमें 'ओवरलैपिंग', अथवा उनका आकार समान नहीं है, तो ऐसी स्थिति में नमूना पूर्वाग्रह पूर्ण होगा।

- **अधूरी स्रोत-सूची**—यदि सूची अधूरी है, पुरानी है या उसमें नाम दो-दो या तीन-तीन बार हैं तो उसमें से नमूने का चुनाव पूर्वाग्रह-पूर्ण होगा।

- **मूल इकाइयों की गैरमौजूदगी**—यदि मूल रूप से चुनी इकाइयों में बड़ी संख्या ऐसी इकाइयों की है, जिन्हें ढूँढ़ पाना मुश्किल है या वे जाँच के लिए उपलब्ध नहीं हैं, ऐसी स्थिति में या तो उनकी जगह दूसरी इकाइयाँ ली जायेंगी या फिर उन्हें पूरी तरह छोड़ दिया जाएगा। दोनों ही स्थितियों में पूर्वाग्रह की सम्भावना बनी रहती है।

- **सुविधाजनक नमूना-विधि**—इस विधि में आमतौर पर बिना कोई वैज्ञानिक तरीका अपनाये, आधी-अधूरी

स्रोत सूची से जब अपनी सुविधा को देखते हुए नमूना लिया जाता है तो उसमें पूर्वाग्रह की सम्भावना बनी रहती है।

- **रैंडम नमूना लेने की दोषपूर्ण विधि**—रैंडम विधि में यदि हम लाटरी सिस्टम अपनाते हुए पर्चियाँ निकालते हैं तो यदि पर्चियाँ ठीक से मिलायी न जायें या पर्चियों का आकार बराबर न हो तो भी नमूना पूर्वाग्रह-ग्रस्त हो सकता है। ग्रिड सिस्टम में बड़े फैलाव वाली इकाइयों के चुनाव की सम्भावना ज्यादा होती है।

**पूर्वाग्रह से बचने के लिए सावधानियाँ**

- नमूना लेने वाले फील्ड वर्कर का कुशल होना।
- अध्ययन के अन्तर्गत आने वाले यूनिवर्स की पूरी जानकारी।
- शोध-समस्या की गहरी समझ।
- नमूना चुनने की पूर्वाग्रह-मुक्त विधि का प्रयोग।
- नमूने का पर्याप्त आकार।
- शोधकर्त्ता का वैज्ञानिक और पूर्वाग्रह-मुक्त स्वभाव।
- नमूने में यूनिवर्स के पूर्ण प्रतिनिधित्व की जाँच के लिए एक पूर्व जाँच प्रक्रिया।

### नमूना-त्रुटियाँ (Sampling Errors)

जब हम यूनिवर्स से नमूना लेते हैं तो उसमें नमूना-त्रुटियाँ होने की सम्भावना बनी रहती है। नमूना-त्रुटि अर्थात् जनसंख्या में से चुने गये नमूने के विश्लेषण के समय मापने में आने वाला अन्तर। यदि नमूना यूनिवर्स का प्रतिनिधित्व नहीं करता तो भी वह त्रुटि-पूर्ण है। इस त्रुटि को कम करने के लिए नमूने का आकार बड़ा लेना चाहिए।

अच्छी नमूना-विधि या डिजाइन चुनकर भी त्रुटियों को खूबी से नियन्त्रित किया जा सकता है।

यदि आपके नमूने में 'नॉन-रिस्पोंस' दर ज्यादा है, लोगों की हिचकिचाहट, अनुपलब्धता, अस्वीकार, व्यक्तिगत दबावों आदि के कारण यदि लोग 'रिस्पोंस' नहीं देते हों तो नमूना पूर्वाग्रह-ग्रस्त होगा और उसके परिणाम वैध नहीं होंगे। यह मानकर चला जाता है कि 20% लोग 'रिस्पोंड' नहीं करेंगे, इसलिए पहले से ही 20% ज्यादा इकाइयाँ शामिल की जाती हैं।

## सन्दर्भ


- Prof. (Dr.) Devesh Kishore (2013), Handbook of Communication Research, Makahanlal Chaturvedi National Univesity of Journalism, Bhopal
- Gerard Guthrie (2010), Basic Research Methods: An Entry to Social Science Research, Sage, New Delhi
- Bridget Somekh & Cathy Lewin (2011), Research Methods in the Social Sciences, (8th Printing) South Asia Edition, Vistaar Publications, Sage, New Delhi
- Kultar Singh (2010), Quantitative Social Research Methods (4th Printing), Sage, New Delhi
- Prof. S.R. Bajpai (1960), Methods of Social Survey and Research, Kitab Ghar, Kanpur
- P. Saravanvel (2006), Research Methodology (17th Edition), Kitab Mahal, New Delhi
- Sumati Mulay V.E. Sabarathnam (1980), Research Methods in Extension Education, Archana Prakashan, New Delhi

## अध्याय-6

# शोध-प्रक्रिया

# Research Process

कोई भी शोध कार्य अथवा शोध अध्ययन एक वैज्ञानिक प्रक्रिया से गुजरता हुआ विभिन्न चरणों में पूरा होता है। शोध-प्रक्रिया के विभिन्न चरणों की झलक निम्न तालिका में देखी जा सकती है।

### शोध-प्रक्रिया के विभिन्न चरण

- विषय/ समस्या का चुनाव (Selection of Research Problem)
- साहित्य-समीक्षा (Review of Literature)
- उद्देश्य (Objectives)
- परिकल्पना/शोध-प्रश्न (Hypothesis and Research Question)
- शोध-विधि और डिजाइन (Research Methoddogy and Design)
- यूनिवर्स का चुनाव (Selection of Universe)
- आँकड़ों का संग्रह (Data Collection)
- आँकड़ों का वर्गीकरण (Classification of Data)
- विश्लेषण और व्याख्या (Analysis and Interprelation)
- शोध-निष्कर्ष (Research Findings)
- सारांश (Summary)
- रिपोर्ट लेखन/ शोध-सार (Report Writing/Executive Summary)
- सन्दर्भ-सूची (Bibliography)

**चित्र 6.1 : शोध-प्रक्रिया के विभिन्न चरण**

## 1. विषय/समस्या का चुनाव (Selection of Research Topic/ Problem)

शोध-विषय अथवा समस्या का चुनाव अपने आप में एक चुनौती है लेकिन उनके लिए, जो स्वतन्त्र रूप से शोध करते हैं। जो शोधकर्त्ता किसी कम्पनी या मीडिया संगठन से जुड़े होते हैं, उन्हें प्रबन्धन द्वारा दिये गये विषयों पर शोध करनी होती है।

स्वतन्त्र शोधकर्त्ताओं के लिए यह हमेशा एक चुनौती होती है कि किस विषय पर शोध करें। शोध-पत्र, लघु-शोध या शोध-ग्रन्थ लिखने वालों के लिए तो विशेष रूप से यह समस्या है। शोध-विषय चुनने के लिए अनेक स्रोतों की सहायता ली जा सकती है। जैसे–एकेडमिक जर्नल, पत्रिकाएँ, साप्ताहिक-पत्रिकाएँ और रोजमर्रा की घटनाएँ।

- मीडिया से जुड़े जर्नल शोध-विषय के चुनाव में सहायक हो सकते हैं जैसे–जर्नल ऑफ ब्रॉडकास्टिंग एंड इलेक्ट्रॉनिक मीडिया, जर्नलिज्म एंड मास कम्युनिकेशन क्वार्टरली, मीडिया क्रिटिक आदि। कई बार जर्नल कुछ विशेषांक विषय विशेष पर आधारित होते हैं। वे अंक शोध-विषय चुनने और योजना बनाने में मददगार होते हैं। इन जर्नल में छपने वाले शोध-पत्रों के विषय ही नहीं, अपितु शोध-पत्रों के अन्त में दी हुई सन्दर्भ सूची (Bibliagraphy) भी बहुत उपयोगी होती है। इन जर्नल के अलावा कई प्रोफेशनल ट्रेड पब्लिकेशन भी मीडिया शोध से सम्बन्धित सूचनाओं का खजाना होते हैं, जैसे कि ब्रॉडकास्टिंग एंड केबल, एडवर्टाइजिंग एज, मीडिया वीक, एडिटर एंड पब्लिशर आदि।
- विश्वविद्यालयों या कॉलेजों के पुस्तकालयों में शोध-सार संग्रह भी एक अच्छा स्रोत सिद्ध हो सकते हैं। इनमें लगभग हर जर्नल में छपने वाले शोध-आलेखों का सार होता है। मीडिया शोधकर्त्ताओं के लिए 'कम्युनिकेशन एब्सट्रैक्ट्स', 'सोशलोजिकल एब्सट्रैक्ट्स' और 'डिजर्टेशन एब्सट्रैक्ट्स' आदि शोध सार-संग्रह उपयोगी हो सकते हैं।
- विभिन्न पत्र-पत्रिकाओं में कई बार बहुत गम्भीर और रोचक समस्याओं पर आलेख छपते हैं, जो आगे शोध का विषय हो सकते हैं।
- इंटरनेट पर गूगल सर्च इंजन सम्बन्धित विषयों की जानकारी का विशाल भंडार है।
- दैनिक जीवन में आम आदमी जनसंचार माध्यमों के संपर्क में आता है। वह रेडियो, टेलीविजन, समाचार-पत्र, पत्रिकाओं, ऑनलाइन पत्र-पत्रिकाओं, फिल्मों आदि को सूचना, मनोरंजन का साधन बनाता है। इनके श्रोताओं, दर्शकों, पाठकों का विश्लेषण शोध का विषय हो सकता है।

## 2. साहित्य-समीक्षा (Review of Literature)

जो भी शोधकर्त्ता वैज्ञानिक विधि से शोध करता है, वह अपना शोधकार्य शुरू करने से पहले विषय से सम्बन्धित उपलब्ध साहित्य का अवलोकन अवश्य करता है। साहित्य-समीक्षा से यह जानकारी मिल जाती है कि सम्बन्धित विषय पर क्या काम हो चुका है, कैसे काम हुआ है और उनके निष्कर्ष क्या हैं? अनुभवी शोधकर्त्ता साहित्य-समीक्षा को शोध-प्रक्रिया का एक महत्त्वपूर्ण चरण मानता है। साहित्य-समीक्षा करने से समय, परिश्रम और धन की बचत होती है।

कोई भी शोध-कार्य शुरू करने से पहले शोधकर्त्ता को इन प्रश्नों के उत्तर अवश्य खोजने चाहिए-

- सम्बन्धित क्षेत्र में किस प्रकार का शोध हो चुका है?
- पहले किये गये शोधों में क्या निष्कर्ष पाया गया?

- अन्य शोधकर्त्ताओं ने क्या सुझाव दिये?
- पहले की गयी शोधों में कौन-सा पहलू अनछुआ रह गया?
- हमारा शोध सम्बन्धित शोध के क्षेत्र में नया क्या जोड़ सकेगा?
- पूर्व अध्ययनों में किस शोध-विधि का प्रयोग किया गया?

इन प्रश्नों के उत्तर शोधकर्ता को अपनी शोध परिकल्पना (Hypothesis) या शोध-समस्या सुनिश्चित करने में सहायक होंगे।

## 3. उद्देश्य (Objectives)

- शोध-कार्य की दिशा में आगे बढ़ने से पहले उद्देश्य एकदम स्पष्ट होना चाहिए। शोधार्थी के सामने कुछ प्रश्नों के उत्तर स्पष्ट होने चाहिए जैसे– वह शोध क्यों कर रहा है? उसका उद्देश्य क्या है?
- क्या वह किसी नवीन सिद्धान्त की स्थापना के लिए शोध कर रहा है? या पूर्व स्थापित मान्यता को बदलने के लिए या फिर उसमें कुछ जोड़ने के लिए शोध कर रहा है?
- इस शोध से किस वर्ग को लाभ होगा?

## 4. शोध-परिकल्पना अथवा शोध-प्रश्न (Hypothesis of Research Question)

शोध-क्षेत्र सुनिश्चित करने और उससे सम्बन्धित विषय पर उपलब्ध साहित्य की समीक्षा करने के बाद शोधार्थी को कार्योपयोगी शोध परिकल्पना या शोध-प्रश्न का निर्धारण कर लेना चाहिए।

परिकल्पना की परिभाषा देते हुए रोजर डी.विमर और जोसफ आर. डोमिनिक ने लिखा है–"परिकल्पना वैरिएबल्स (परिवर्तनीयों) के बीच सम्बन्ध का एक औपचारिक वक्तव्य है। शोध-कार्य के दौरान जिसे प्रत्यक्ष रूप से जाँचा जाता है। हमारा परिकल्पित वक्तव्य (Hypothetical Statement) सही या है या गलत, इसकी जाँच की जाती है।"

शोध-प्रश्न औपचारिक रूप से रखा गया प्रश्न है, जिसमें किसी रुझान का स्पष्ट संकेत होता है। यह वैरिएबल के आपसी सम्बन्धों को जाँचने तक सीमित नहीं होता। इसमें शोधकर्त्ता किसी शोध-समस्या की प्रकृति के बारे में सुनिश्चित नहीं होता। उदाहरण के लिए एक शोध-प्रश्न है–क्या टेलिविजन कार्यक्रम बच्चों को यथार्थ की दुनिया से दूर ले जाते हैं? इस वक्तव्य में एक प्रश्न विद्यमान है और शोधार्थी इस बारे में सुनिश्चित नहीं है। जबकि परिकल्पना में वह सुनिश्चित होकर वक्तव्य देता है जैसे कि टेलिविजन धारावाहिकों ने महिलाओं की जीवन शैली को प्रभावित किया है। शोधार्थी इस वक्तव्य को सत्य-असत्य की कसौटी पर परखकर अपना निष्कर्ष देगा।

## 5. शोध-विधि और डिजाइन

इस विषय पर अध्याय दो में विस्तार से चर्चा की जा चुकी है। शोध-परिकल्पना या शोध-प्रश्न निर्धारित करने के बाद शोधार्थी को अपने कार्य को आगे बढ़ाने और इसे कार्यरूप देने के लिए उपयुक्त शोध-विधि और शोध डिजाइन का चुनाव करना होता है। चूँकि कोई भी शोध-निष्कर्ष आँकड़ों की व्याख्या और विश्लेषण पर आधारित होता है, इसलिए यह तय करना आवश्यक है कि आँकड़ों के संग्रह के लिए कौन-सी विधि का प्रयोग किया जाये और किस प्रकार शोध का पूरा खाका तैयार किया जाये। जैसे कि यदि मात्रात्मक शोध है तो जनगणना विधि, सर्वेक्षण विधि, अवलोकन विधि का प्रयोग करते हुए प्रश्नावली, अनुसूची उपकरणों की सहायता ली जा सकती है और यदि गुणात्मक शोध है तो केस स्टडी, सामग्री विश्लेषण, केन्द्रित समूह अध्ययन

(Focused Group Study) विधि का प्रयोग करते हुए साक्षात्कार, चर्चा, विचार-विमर्श आदि उपकरणों की सहायता ली जा सकती है।

## 6. यूनिवर्स का चुनाव (Selection of Universe)

शोध-विषय के अनुसार विधि और उपकरण सुनिश्चित करने के बाद यूनिवर्स का चुनाव किया जाना चाहिए, क्योंकि इसी यूनिवर्स से शोधार्थी नमूना लेता है और नमूना यूनिवर्स में विद्यमान विभिन्न इकाइयों का अपनी आवश्यकता के अनुसार आँकड़ों का संकलन है। यूनिवर्स का चुनाव करते समय निम्न बातों का ध्यान रखना चाहिए–

- विषय से पूरी तरह जुड़ा हो। विषय की परिधि में हो।
- यूनिवर्स शोधार्थी की पहुँच के दायरे में हो।
- उसे इसका पूरा ज्ञान हो।
- विभिन्न इकाइयों की पूरी जानकारी हो।
- स्थायित्व हो अर्थात् इकाइयों की प्रकृति (Nature) लगातार बदलती न हो।

## 7. आँकड़ों का संग्रह (Data Callection)

आँकड़ों का संग्रह किसी भी शोध-प्रक्रिया का सबसे महत्त्वपूर्ण, परिश्रमसाध्य और सर्वाधिक समय लेने वाला कार्य है। अपने विषय के अनुरूप ही तय करना होता है कि हमें मात्रात्मक आँकड़े चाहिए या गुणात्मक, अपने शोध के लिए हम प्राथमिक (Primary) आँकड़े जुटायेंगे अथवा द्वितीयक (Secondary) आँकड़ों पर निर्भर रहेंगे। हमें ये आँकड़े किस रूप में मिलेंगे- संख्या, लिखित सामग्री, दस्तावेजों, चित्रों, ऑडियो टेप, वीडियो में मिलेंगे या घटनाक्रमों और मानव मस्तिष्क में संचित तथ्यात्मक स्मृतियों (Factual Memories) या व्यवहार में मिलेंगे यह जान लेना जरूरी है। आँकड़ों का संग्रह करते समय यह ध्यान रखना आवश्यक है कि आँकड़े प्रासंगिक हों, पुराने न हों, वैध हों और उनकी वैधता जाँची जा सके। आँकड़ों के संग्रह के लिए अनेक विधियों का प्रयोग किया जाता है। विधि का चुनाव विषय, उपलब्धता के अनुसार किया जा सकता है। साक्षात्कार, प्रश्नावली, अनुसूची, क्षेत्र कार्य, अवलोकन (Observation) और पूर्व क्षेत्र कार्य (Pre Field work) जैसे उपकरण इस प्रक्रिया में सहयोगी हो सकते हैं।

## 8. आँकड़ों का वर्गीकरण (Classification of Data)

आँकड़े किसी भी शोध-प्रक्रिया में कच्चे माल की भूमिका निभाते हैं। इसीलिए संग्रह के बाद इनका संरक्षण (Procesing) किया जाता है। सही तरीके से इनका  वर्गीकरण इस प्रोसेसिंग का एक महत्त्वपूर्ण पहलू है वरना सूचनाओं अर्थात् आँकड़ों के भंडार में से आवश्यकतानुसार कुछ भी चुनना और उनका विश्लेषण करना बहुत कठित काम होगा। वर्गीकरण करने से सामग्री को अलग-अलग श्रेणियों में सही ढंग से रखने में मदद मिलती है। वर्गीकरण से दोहराव को रोका जा सकता है। इससे वैरिएबल का संकेत मिलता है। वर्गीकरण विस्तार से, संपूर्णता में होना चाहिए ताकि दोहराव या अस्पष्टता की कोई गुंजाइश न रहे। वर्गीकरण के लिए पहले आँकड़ों की कोडिंग (Coding) करनी आवश्यक है और वर्गीकरण के बाद में इन्हें तालिका में प्रस्तुत करना होता है। आँकड़ों के संग्रह और संरक्षण (Processing) की प्रक्रिया में कोडिंग, वर्गीकरण और सारणीकरण (Tabulation) आदि विभिन्न चरण हैं।

## 9. विश्लेषण और व्याख्या (Analysis and Interpretation)

आँकड़ों के विश्लेषण और उनकी व्याख्या में कितना समय और परिश्रम लगेगा, यह शोध के उद्देश्य और उसके लिए प्रयोग की गयी विधि पर निर्भर करता है। इसमें कुछ घंटे, कुछ दिन और कुछ सप्ताह से लेकर महीनों लग सकते हैं। कई निजी संस्थानों द्वारा कराये जाने वाले शोध-अध्ययनों में जहाँ सिर्फ एक ही समस्या या प्रश्न केन्द्र में होता है, वहां आँकड़ों का विश्लेषण और व्याख्या कुछ मिनटों में ही पूरे हो जाते हैं। जैसे कि दूरदर्शन के प्रातःकाल के कार्यक्रम 'सुबह-सवेरे' के बारे में दर्शकों की राय जाननी हो तो तय है कि दर्शकों से कुछ प्रश्न ही पूछे जायेंगे और सूचना को आँकड़ों के रूप में तालिका में प्रस्तुत कर बहुत थोड़े समय में निष्कर्ष पर पहुँचा जा सकता है। आँकड़ों के विश्लेषण से रुझान और लोगों का मत सामने आ जाता है, इसी के आधार पर हम व्याख्या की ओर बढ़ते हुए शोध-निष्कर्ष (Research Findings) तक पहुँचते हैं। विश्लेषण और व्याख्या ही वह सोपान है, जहाँ शोधार्थी आन्तरिक और बाह्य वैधता (Validity) की जाँच करता है। आन्तरिक वैधता जाँचने के लिए शोध के बाद शोधार्थी को अपने आप से यह प्रश्न पूछना चाहिए कि उसका अध्ययन सही मायनों में प्रस्तावित शोध प्रश्न या समस्या की जाँच-पड़ताल कर पाने में सक्षम है या नहीं? अध्ययन या शोध की बाह्य वैधता तब सिद्ध होती है, जब वह जनसंख्या के सामान्यीकरण की कसौटी पर खरी उतर सके। जैसे कि एक अध्ययन के निष्कर्ष में पाया गया कि महिलाएँ टेलिविजन पर समाचार चैनल देखने की बजाय मनोरंजन चैनल देखना ज्यादा पसन्द करती हैं।

## 10. शोध निष्कर्ष (Research Findings)

शोध-निष्कर्षों को सरल भाषा में कहा जा सकता है कि अपनी शोध के दौरान शोधार्थी ने सही मायनों में क्या खोजा अर्थात् क्या पाया? इस बात को एक उदाहरण से समझा जा सकता है। एक अध्ययन में शोधार्थी ने पाँच से दस साल तक के बच्चों से उनकी कार्टून टीवी चैनलों की पसन्द के बारे में पूछा तो पाया कि डिज्नी, कार्टून नेटवर्क और पोगो देखने वाले बच्चों का प्रतिशत इस प्रकार है--

| | | |
|---|---|---|
| डिज्नी | - | 60% |
| कार्टून नेटवर्क | - | 30% |
| पोगो | - | 10% |

ये आँकड़े एक सत्य के रूप में शोधार्थी के सामने आये। यह उसकी शोध का निष्कर्ष है।

## 11. सारांश (Summary)

शोध के परिणाम और उपलब्धियाँ जिन सुझावों और उनके भीतर छुपे अर्थ की ओर संकेत करते हैं, उन अर्थों का सामान्य भाषा में संक्षिप्त प्रस्तुतीकरण सारांश कहलाता है। उपरोक्त उदाहरण से अध्ययन के निष्कर्ष रूप में कहा जा सकता है कि आज भी बच्चों के बीच वाल्ट डिज्नी के चरित्र लोकप्रिय हैं। इसके पीछे कारण है उन चरित्रों का बहुत जाना-पहचाना चेहरा और चुलबुली कहानियाँ। सारांश बिन्दुशः (Point to Point) और संक्षेप में प्रस्तुत किया जाता है।

## 12. रिपोर्ट-लेखन (Writing Research Report)

रिपोर्ट लेखन किसी भी शोध या अध्ययन का अन्तिम परिणाम है। इसे पूरे शोध कार्य का लिखित विवरण भी कहा जा सकता है। पूरी शोध-प्रक्रिया में यह अन्तिम चरण है, जिसका उद्देश्य शोध के परिणामों को व्यवस्थित

तरीके से लोगों तक पहुँचाना है। 'यूनिवर्सिटी ऑफ एडिलेड' के 'राइटिंग सेंटर' ने रिपोर्ट लेखन-प्रक्रिया को तीन मुख्य भागों में बाँटा है—

**रिपोर्ट लेखन**

प्रारम्भिक सामग्री — मुख्य भाग — पूरक सामग्री

**चित्र 6.2 : रिपोर्ट लेखन के तीन मुख्य भाग**

एक तालिका के माध्यम से उपरोक्त तीनों मुख्य भागों के अन्तर्गत आने वाली सामग्री को विस्तार से समझा जा सकता है।

| | | |
|---|---|---|
| 1. | प्रारम्भिक सामग्री | • रिपोर्ट का शीर्षक<br>• विषय सूची/ अनुक्रमणिका<br>• शोध-सार (Abstract) |
| 2. | मुख्य भाग | • भूमिका<br>• उद्देश्य<br>• सम्बन्धित शोधों और अन्य साहित्य की समीक्षा<br>• परिकल्पना/शोध-समस्या/शोध-प्रश्न<br>• शोध-विधि (क्या शोध किया और कैसे किया)<br>• आँकड़ों का प्रस्तुतीकरण<br>• व्याख्या और विश्लेषण<br>• शोध-निष्कर्ष<br>• सारांश (शोध-परिणामों का सार)<br>• सुझाव एवं संस्तुतियाँ (शोध-निष्कर्षों का कहाँ-कहाँ और<br>• क्या उपयोग हो सकता है) |
| 3. | पूरक सामग्री | • सन्दर्भ-सूची<br>• परिशिष्ट (कोई भी अन्य सामग्री, जिसका शोध कार्य में<br>• प्रयोग किया गया हो) |

## रिपोर्ट-लेखन में बरती जाने वाली सावधानियाँ

- देखने में आकर्षक हो। आवरण पृष्ठ सौम्य और स्पष्ट हो।
- पूरी रिपोर्ट में कागज, छपाई, टाइप के आकारों और प्रकारों का सर्वोत्तम प्रयोग होना चाहिए। रिपोर्ट को सम्बन्धित चित्रों और तालिकाओं के प्रयोग द्वारा आकर्षक बनाया जा सकता है।

- भाषा सहज और सुबोध हो।
- परिकल्पना अथवा शोध-प्रश्न/समस्या को तर्कपूर्ण और स्पष्ट रूप से लिखना चाहिए।
- तथ्यों को बार-बार दोहराना रिपोर्ट को उबाऊ और नीरस बनाता है, अतः इससे बचें।
- शोध के निष्कर्ष वैध एवं प्रामाणिक हों।
- तकनीकी शब्दों का प्रयोग कम करें। यदि करना आवश्यक ही हो तो उसी पृष्ठ पर नीचे फुट नोट में उन शब्दों का संक्षिप्त वर्णन करें ताकि अधिक से अधिक लोग रिपोर्ट पढ़कर उसका लाभ उठा सकें।
- सन्दर्भ सूची में उन पुस्तकों, लेखों, पत्र-पत्रिकाओं, बेवसाइट आदि का पूर्ण उल्लेख उनके लेखकों, शीर्षकों, सम्पादकों, प्रकाशकों आदि के साथ होना चाहिए।
- पत्रिका, समाचार पत्र या जर्नल आदि की अंक संख्या और उसका वर्ष, महीना और तारीख का उल्लेख करना चाहिए।

## 13. सन्दर्भ-सूची और परिशिष्ट (Bibliography and Appendix)

सन्दर्भ-सूची उन स्रोतों की सूची है, जिनका प्रयोग शोध-प्रक्रिया और रिपोर्ट लेखन के लिए किया गया। जिन स्रोतों का प्रयोग शोधकर्त्ता तथ्यों, सूचनाओं के संग्रह और विचार ग्रहण के लिए करता है, वे सभी सन्दर्भ-सूची में शामिल किये जाते हैं। सन्दर्भ सूची शोध-रिपोर्ट के अन्तिम पृष्ठ या पृष्ठों में होती है। सन्दर्भ-सूची और परिशिष्ट किसी भी शोध अध्ययन, शोध-कार्य या शोध-पत्र की एक अनिवार्यता है।

यदि शोधकर्त्ता पूरी शोध-प्रक्रिया में स्रोत के रूप में प्रयोग की गयी सामग्री जैसे पुस्तकों, एनसाइक्लोपीडिया, लेख, समाचारपत्र, पत्रिका, वेबसाइट आदि का अलग कागज पर साथ-साथ रिकॉर्ड रखता है तो सन्दर्भ सूची बनाने का काम आसान हो जाता है। सन्दर्भ-सूची के लिए पढ़ी-देखी जाने वाली या उद्धृत की जाने वाली सामग्री का शीर्षक, लेखक का नाम, प्रकाशन समय, प्रकाशन स्थान आदि विवरण साथ-साथ लिख लेना चाहिए। सन्दर्भ सामग्री निम्न स्रोतों से मिल सकती है। इनका विवरण इस प्रकार लिखा जाना चाहिए–

- **पुस्तक**–लेखक पुस्तक का शीर्षक, शहर, प्रकाशक, प्रकाशन वर्ष
- **एनसाइक्लोपीडिया**–शीर्षक, संस्करण, वर्ष, भाग संख्या (Volume Number), पृष्ठ संख्या
- **समाचार पत्र**–लेखक का नाम (अन्तिम नाम पहले), लेख का शीर्षक, समाचारपत्र का नाम, प्रकाशन-स्थान, राज्य, पृष्ठ संख्या
- **व्यक्ति**–पूरा नाम (अन्तिम नाम पहले), व्यवसाय, साक्षात्कार की तिथि
- **फिल्म**–शीर्षक, निर्देशक, वितरण-वर्ष
- **सीडी**–शीर्षक, संस्करण, दिनांक, लेख का शीर्षक, पृष्ठ संख्या (यदि दी गयी है), प्रकाशक
- **ऑनलाइन**–सन्देश लिखने वाले का नाम (अन्तिम नाम पहले), दिनांक, सन्देश का विषय, उपलब्ध ई-मेल पता
- **वेबसाइट**–URL पता (जैसे-www.teachervision. com), लेखक का नाम (यदि दिया गया है), दिनांक

शोध-प्रक्रिया में कई बार सारणियों, चार्ट, चित्र, पत्र, पत्रक (Broucher), रेखाचित्र, मानचित्र आदि का प्रयोग करते हैं। परिशिष्ट खंड में संलग्नक के रूप में रिपोर्ट के अन्त में इन्हें लगाना शोध को प्रामाणिक और प्रासंगिक बनाता है।

## अनुमानित बजट

किसी शोध-अध्ययन के लिए खर्च वहन करने वाला प्रायोजक ढूँढ़ना जितना कठिन काम है, उतना ही कठिन है अनुमानित बजट तैयार करना। बजट तैयार करते समय निम्नलिखित बातों का ध्यान रखा जाना बेहद जरूरी है।

1. शोध में लगने वाला समय
2. यूनिवर्स का फैलाव और प्रकृति (Nature)
3. शोध-विधि
4. मानव-संसाधनों का प्रयोग
5. आवागमन के साधन (आँकड़ा-संग्रह आदि के लिए)
6. अन्य—टेलीफोन, मोबाइल, इंटरनेट, स्टेशनरी, पत्राचार, अस्थायी आवास, (यदि आँकड़ों के संग्रह के दौरान आवश्यक है) भोजन आदि।

उक्त सभी बिन्दुओं को ध्यान में रखते हुए किसी भी शोध-कार्य का अनुमानित बजट तैयार किया जाना आवश्यक है। और यह कार्य शोध-प्रस्ताव देने या फिर उसे अन्तिम रूप देने से पहले तैयार किया जाना चाहिए।

## सन्दर्भ


- Roger D.Wimmer, Joseph R. Dominick (2012), Mass Media Reserach, An Introduction: (9th Edition), Cengage Learning, New Delhi
- Prof. (Dr.) Devesh Kishore (2013), Handbook of Communication Research, Makhahal Chaturvedi National University of Journalism, Bhopal
- J.A. Anderson (1987), Communication Research : Issues and Methods, Mc Graw-Hill, New York
- E.R. Babbie (2010), The Practice of Social Research (12th Edition), C A : Cengage. Belmont
- H.J. Hsia (1998), Mass Communication Research Methods : A Step by Step Approach, Hillsdale, NJ
- Arthur Asa Berger (2000), Media and Communication Research Methods : An Introduction to Qualitative and Quantitative Approachess, Sage, New Delhi.
- Fres N. Kerlinger (2007), Foundation of Beharvioural Resarch (10th Reprint), Surjeet Publication, Delhi
- P. Saravanavel (2006), Research Methodology (17th Edition) Kitab Mahal, New Delhi.
- Vandana Desai & Robert B. Potter (2010), Doing Devleopment Research (3rd Edition) Vistaar Publication, Sage, New Delhi

अध्याय-7

# शोध में सांख्यिकी का प्रयोग

# Use of Statistics in Research

## सांख्यिकी : अर्थ उद्देश्य और लक्ष्य

'सांख्यिकी' आँकड़ों के संग्रह, प्रबन्धन, संक्षिप्तीकरण और विश्लेषण की गणितीय विधि है। अनेक विद्वानों ने सांख्यिकी को अपने-अपने शब्दों में परिभाषित किया है।

''सांख्यिकी को संख्यात्मक तथ्यों के संकलन, प्रस्तुतीकरण, विश्लेषण तथा विवेचन के रूप में परिभाषित किया जा सकता है।''

**—क्राक्सटन और कोडेन**

''सांख्यिकी से अभिप्राय शोध के किसी पक्ष से सम्बन्धित तथ्यों के ऐसे संख्यात्मक विवरण से है, जिन्हें एक-दूसरे के सम्बन्ध में रखा जा सके।''

**—ए.एल. बाउले**

''सांख्यिकी वह विज्ञान है, जिसका सम्बन्ध शोध के किसी क्षेत्र पर प्रकाश डालने वाले आँकड़ों के संकलन, प्रस्तुतीकरण, तुलना तथा विवेचन की रीति से होता है।''

**—सेलिगमैन**

''सांख्यिकी संख्यात्मक तथ्यों के संग्रह, प्रदर्शन, विवरण तथा विश्लेषण से सम्बन्धित विज्ञान है।''

**—बी.एन. गुप्ता**

जब हम संचार या मीडिया शोध करते हैं, तो हमारे पास आँकड़ों की भरमार होती है और इन्हीं आँकड़ों में से हमें अपनी आवश्यकता के अनुसार सूचना निकालनी होती है और यह सूचना हमें आँकड़ों के विश्लेषण से ही प्राप्त होती है। विश्लेषण और विवेचन की प्रक्रिया में सांख्यिकी एक महत्त्वपूर्ण, उपयोगी तकनीक है। सांख्यिकी विधियों के प्रयोग द्वारा आँकड़ों के विश्लेषण के बाद ही हम किसी निष्कर्ष पर पहुँचते हैं। शोधकर्त्ता इस निष्कर्ष पर पहुँचने के लिए अलग-अलग सांख्यिकी विश्लेषण तकनीकों का प्रयोग करते है। आँकड़ों के विश्लेषण और व्याख्या में सांख्यिकी एक महत्त्वपूर्ण घटक है। यह प्रायोगिक गणित (Applied Mathematics) की एक शाखा है।

## सांख्यिकी की विशेषताएँ

- सांख्यिकी तकनीक द्वारा प्राप्त परिणाम हमेशा संख्या के रूप में होते हैं। अर्थात् परिणाम मात्रात्मक (Quantitative) होते हैं। यही कारण है कि इसके माध्यम से गुणात्मक पहलुओं जैसे—अच्छाई-बुराई,

मनोवृत्ति, इच्छा, चाहत, सज्जनता, दुर्जनता आदि को प्रस्तुत नहीं किया जा सकता।

- सांख्यिकी से सम्बन्धित आँकड़े एक पूर्व निश्चित उद्देश्य को लेकर एकत्र किये जाते हैं। इसके परिणाम योजनाबद्ध होते हैं।
- सांख्यिकी में अनुमानों का कहीं कोई स्थान नहीं है, अपितु यह कुछ निश्चित विधियों द्वारा किये गये विश्लेषण के आधार पर निश्चित परिणाम प्रस्तुत करती है।
- विमर और डोमिनिक के अनुसार–''सांख्यिकी के प्रयोग द्वारा सिर्फ तभी वैध और विश्वसनीय परिणाम प्राप्त किये जा सकते हैं, जब आँकड़ों के संग्रह और शोध विधि में निर्धारित वैज्ञानिक प्रक्रिया का प्रयोग किया गया हो।''
- सांख्यिकी के प्रयोग के लिए विशेष ज्ञान की आवश्यकता होती है। अनुभवहीन व्यक्ति इसका प्रयोग नहीं कर पाता।

केण्डाल के शब्दों में, ''अयोग्य व्यक्ति के हाथों में सांख्यिकी बहुत ही खतरनाक उपकरण बन जाती है।''

## सांख्यिकी का उद्देश्य

शोध में सांख्यिकी–प्रयोग के तीन मुख्य उद्देश्य हैं।

**1. जनसंख्या का अध्ययन**–यहाँ जनसंख्या से अभिप्राय पूरे यूनिवर्स में आने वाली प्रत्येक इकाई से है जो व्यक्ति भी हो सकता है और वस्तु, परिवार या किसी अवलोकन के दौरान पायी जाने वाली भिन्नताएँ जैसे-कद, वजन, आयु, आय आदि।

**2. भिन्नताओं/परिवर्तनों (Variations) का अध्ययन**–यह किसी व्यक्ति, वस्तु या घटना विशेष में पायी जाने वाली भिन्नता (वैरिएशन) ही है जो जनसंख्या के अध्ययन के लिए प्रेरित करती है। मीडिया या संचार शोधकर्त्ता इन्हीं भिन्नताओं और परिवर्तनों को महत्त्वपूर्ण मानते हुए अध्ययन करता है।

**3. आँकड़ों को संक्षिप्त रूप में प्रस्तुत करना**–शोधकर्त्ता के पास बहुत सारे आँकड़े होते हैं जिनको सार रूप में प्रस्तुत करने के बाद वह निष्कर्ष तक पहुँचता है। सांख्यिकी के माध्यम से आँकड़ों के विश्लेषण का उद्देश्य उनमें से प्रासंगिक सूचना को निकालना और उसे संक्षिप्त तथा उपयोगी रूप में प्रस्तुत करना है।

शोध के सन्दर्भ में सांख्यिकी की उपयोगिता या प्रयोग का अध्ययन करते समय हमें इसकी शब्दावली की जानकारी होना बहुत आवश्यक है। साधारणतः शोध के सन्दर्भ में सांख्यिकी को निम्नलिखित शब्दावली और उनके प्रयोग के माध्यम से जाना जा सकता है–

- आवृत्ति (Frequency)
- प्रतिशत (Percentage)
- केन्द्रीय प्रवृत्ति के मापक (Measures of Central Tendency)
- विकीर्णन के मापक (Measures of Dispersion)
- सम्बद्धता के मापक (Measures of Association)
- महत्ता की परीक्षण (Test of Significance)

**चित्र 7.1 : शोध में सांख्यिकी विश्लेषण के लिए प्रयोग होने वाली शब्दावली**

## 1. आवृत्ति (Frequency)

एक विशेष समय सीमा में किसी घटनाक्रम या वस्तु का बार-बार होना आवृत्ति कहलाता है। शोध के सन्दर्भ में जनसंख्या के बीच यह दोहराव या बारम्बारता आवृत्ति है। हमारे चुने हुए प्रतिनिधि नमूने में पायी गयी प्रवृत्तियों या अन्य चारित्रिक विशेषताओं आदि के सारणीयन के बाद जो अंक बार-बार आता है, वह आवृत्ति कहलाता है। अंकों की किसी एक शृंखला में सबसे ज्यादा बार दोहराया जाने वाला अंक उच्चतम आवृत्ति (Highest Frequency) कहलाता है। इसे एक उदाहरण के माध्यम से समझा जा सकता है।

किसी एक गाँव में महिलाओं की शिक्षा का आँकड़ा इस प्रकार हैं–

| **महिलाओं की संख्या** | **शिक्षा का स्तर** |
|---|---|
| 30 | पाँचवीं |
| 18 | आठवीं |
| 22 | दसवीं |
| 18 | बारहवीं |
| 8 | स्नातक |
| 4 | परास्नातक |

**तालिका 7.1 : आवृत्तियों का उदाहरण**

उक्त तालिका में 18 का अंक सर्वाधिक बार दिखाई दे रहा है, अतः 18 उक्त शृंखला में उच्च आवृत्ति है। संख्या में अन्तराल के आधार पर भी आवृत्ति को देखा जा सकता है–

| **बीजेएमसी छात्रों के अंक** | **छात्रों की संख्या** |
|---|---|
| 0-20 | 2 |
| 21-40 | 8 |
| 41-60 | 26 |
| 61-80 | 20 |
| 81-100 | 4 |
| **छात्रों की कुल संख्या** | **60** |

**तालिका 7.2 : अन्तराल के आधार पर आवृत्ति**

उक्त तालिका में हम देखते हैं कि छात्रों द्वारा अर्जित 100 अंकों को 20 के अन्तराल में विभाजित किया गया है। यहाँ उच्चतम आवृत्ति 26 है, क्योंकि उक्त शृंखला में 41-60 अंक पाने वाले छात्रों की संख्या (26) सबसे ज्यादा है।

## 2. प्रतिशत (Precentage)

शोध निष्कर्षों और खोजों की अभिव्यक्ति में प्रतिशत का बहुत महत्त्व है। प्रतिशत का अर्थ है प्रत्येक 100 में से। किसी भी बड़ी से बड़ी या छोटी से छोटी संख्या को प्रत्येक 100 के अनुपात में विभाजित कर उसका प्रतिशत निकाला जा सकता है। प्रतिशत को % चिह्न के माध्यम से व्यक्त किया जाता है।

उदाहरण के तौर पर एक शोध अध्ययन में 300 उत्तरदाताओं को प्रतिनिधि नमूने के तौर पर चुना गया। उनकी टेलिविजन देखने सम्बन्धी आदतों के बारे में आँकड़ों को इस प्रकार सारणी बद्ध किया गया–

| **टेलिविजन चैनल** | **दर्शकों की पहली पसन्द** |
|---|---|
| समाचार चैनल | 85 |
| मनोरंजन चैनल | 80 |
| ज्ञानवर्द्धक चैनल | 25 |
| संगीत चैनल | 43 |
| खेल चैनल | 32 |
| फिल्म चैनल | 35 |
| **कुल संख्या** | **300** |

**तालिका 7.3 : विभिन्न टीवी चैनलों के दर्शकों के आँकड़े**

यहाँ कुल उत्तरदाताओं की संख्या 300 है। प्रतिशत निकालने के लिए इस प्रकार गणना की जा सकती है।

| | | | | |
|---|---|---|---|---|
| समाचार चैनल | - | 85x100/300 | = | 28.33 अर्थात् 28% |
| मनोरंजन चैनल | - | .80x100/300 | = | 26.66 अर्थात् 27% |
| ज्ञानवर्द्धक चैनल | - | 25x100/300 | = | 8.33 अर्थात् 8% |
| संगीत चैनल | - | 43x100/300 | = | 14.33 अर्थात् 14% |
| खेल चैनल | - | 32x100/300 | = | 10.66 अर्थात् 11% |
| फिल्म चैनल | - | 35x100/300 | = | 11.66 अर्थात् 12% |

अब एक नयी तालिका में दर्शकों द्वारा सर्वाधिक पसन्द किये जाने वाले टेलिविजन चैनलों का आँकड़ा प्रतिशत में इस प्रकार प्रस्तुत किया जा सकता है–

| **टेलिविजन चैनल** | **दर्शकों का प्रतिशत** |
|---|---|
| समाचार चैनल | 28% |
| मनोरंजन चैनल | 27% |
| ज्ञानवर्द्धक चैनल | 8% |
| संगीत चैनल | 14% |
| खेल चैनल | 11% |
| फिल्म चैनल | 12 |

**तालिका 7.4 : विभिन्न टेलिविजन चैनल पसन्द करने वाले दर्शकों का प्रतिशत**

## 3. केन्द्रीय प्रवृत्ति के मापक (Measures of Central Tendency)

सबसे पहले हमें केन्द्रीय प्रवृत्ति (Central Tendency) को समझना होगा। अनेक विद्वानों ने केन्द्रीय प्रवृत्ति का अर्थ स्पष्ट करते हुए लिखा है–

"यह औसत (Average) आँकड़ों के विस्तार के अन्तर्गत स्थित एक ऐसा मूल्य है, जो समान श्रेणी के सभी मूल्यों का प्रतिनिधित्व करता है। यह समान श्रेणी के मध्य में स्थित होता है, इसलिए इसे केन्द्रीय प्रवृत्ति का मापक भी कहा जाता है।"

**–क्रॉक्सटन और कोडेन**

"एक ऐसी संख्या, जिसका मूल्य किसी एक श्रेणी में न तो उच्चतम है और न न्यूनतम, बल्कि इन दोनों सीमाओं के बीच का है, और जिसका प्रयोग सभी श्रेणियों का प्रतिनिधित्व करने के लिए किया जाता है, केन्द्रीय प्रवृत्ति कहलाती है। ऐसी संख्या को केन्द्रीय प्रवृत्ति का मापक अथवा औसत (Average) कहा जाता है।

**–डी.एन. एलहान्स**

"केन्द्रीय प्रवृत्ति का मापक वह अकेला ऐसा अंक होता है जो अनेक व्यक्तियों या वस्तुओं के एक समूह का प्रतिनिधित्व करता है। केन्द्रीय प्रवृत्ति के सभी मापक औसत हैं, क्योंकि वे किसी भी वितरण के केन्द्र में विभिन्न धारणाओं का प्रतिनिधित्व करते हैं।"

**–प्रो. देवेश किशोर**

विविध चारित्रिक विशेषताओं वाले आँकड़ों से निष्कर्ष निकालने के लिए केन्द्रीय प्रवृत्ति आवश्यक है। इसे औसत (Average) भी कहा जाता है।

औसत अंक वह है, जो किसी भी जनसंख्या की ज्यादा से ज्यादा चारित्रिक विशेषताओं को दर्शाता है। यह आवश्यक नहीं कि यह औसत सिर्फ अंकों के रूप में सामने आये, यह गुणात्मक अभिव्यक्ति जैसे परिश्रमी, बुद्धिमान आदि के रूप में भी सामने आ सकता है।

### अच्छी औसत के लिए अनिवार्यताएँ

- **पूरे समूह का प्रतिनिधि**–औसत समूह की प्रत्येक इकाई का ज्यादा से ज्यादा प्रतिनिधि होना चाहिए। मापने के अर्थ में भी और गुणात्मक अभिव्यक्ति के अर्थ में भी।
- **सुनिश्चित और स्पष्ट दिखाई दे**–जहाँ तक सम्भव हो, औसत एक अंक में अभिव्यक्त होना चाहिए न कि किसी गुण के रूप में।
- **गणितीय विश्लेषण के उपयुक्त**–इसे गणितीय विश्लेषण में उपयुक्त होना चाहिए।
- **गणना में सरल**–शोध अध्ययनों में औसत सांख्यिकी का सबसे सरल रूप है। शोधकर्त्ता को इसे गणना में सरल रखना चाहिए, ताकि एक सामान्य बुद्धि रखने वाला व्यक्ति भी इसे आसानी से समझ सके और उसकी सत्यता की जाँच कर सके।

### केन्द्रीय प्रवृत्ति की विशेषताएँ

- **सरलीकरण**–यह जटिल आँकड़ों को सरल संख्याओं में बदल देता है।
- **संक्षिप्तीकरण**–केन्द्रीय प्रवृत्ति का प्रमुख उद्देश्य बिखरे हुए आँकड़ों के अम्बार को संक्षिप्त रूप में प्रस्तुत

करना है।

- **तुलनात्मक विश्लेषण में सहज**–मीडिया अथवा संचार शोध करते समय सम्बन्धित आँकड़े या तथ्य कई बार इतने जटिल और संख्या में ज्यादा होते हैं कि इनकी आपस में तुलना करना असम्भव होता है। केन्द्रीय प्रवृत्ति का प्रयोग करते हुए तुलनात्मक विश्लेषण को आसान बनाया जा सकता है।
- **समग्र का प्रतिनिधित्व**–केन्द्रीय प्रवृत्ति की सहायता से पूरे यूनिवर्स में आने वाली सभी इकाइयों का समुचित प्रतिनिधित्व जाना जा सकता है।

## केन्द्रीय प्रवृत्ति मापने की विधियाँ

सांख्यिकी में अनेक प्रकार के औसत होते हैं, किन्तु इनमें तीन मुख्य हैं–

1. माध्य (Mean)
2. मध्यांक (Median)
3. बहुलांक (Mode)

## 1. माध्य (Mean)

गणित में मीन अर्थात् माध्य की अलग-अलग परिभाषाएँ हैं, जो सन्दर्भ पर निर्भर करती हैं। माध्य आँकड़ों की एक शृंखला अथवा समूह का केन्द्रीय मूल्य होता है। इसे गणितीय माध्य अर्थात् अंग्रेजी में Mathmetic Mean या गणितीय औसत (Mathmetical Average) भी कहा जाता है।

गणितीय माध्य के कई प्रकार होते हैं जैसे–

1. अंकगणितीय माध्य (Arithmetic Mean)
2. ज्यामितीय माध्य (Geometric Mean)
3. हारमोनिक माध्य (Harmonic Mean)

उक्त तोनों में अंकगणितीय माध्य सर्वाधिक सरल और लोकप्रिय है। केन्द्रीय प्रवृत्ति मापने के लिए अंक गणितीय माध्य (Arithmetic Mean) सबसे सरल विधि है। सभी प्रकार के मापों में जहाँ आँकड़ों का विश्लेषण आवश्यक होता है, वहाँ गणितीय माध्य का प्रयोग किया जाता है। गणितीय माध्य निकालने के लिए अंकों की एक शृंखला या समूह के अंकों के कुल जोड़ को अंकों की संख्या से विभाजित कर दिया जाता है। यह शृंखला या समूह के प्रथम से अन्तिम अंकों के कुल मूल्य पर आधारित होता है, इसलिए इसे सर्वाधिक प्रतिनिधित्व करने वाली विधि माना जाता है। यह उस स्थिति में सर्वाधिक उपयोगी है, जहाँ सभी पदों की महत्ता एक समान हो।

## अंकगणितीय माध्य कैसे निकालें

इसे दो उदाहरणों के माध्यम से समझा जा सकता है।

**उदाहरण--1**

एक समाचार चैनल के 9 संवाददाताओं द्वारा एक महीने में दिये जाने वाले समाचारों का औसत गणितीय माध्य (Arithmetic Mean) के माध्यम से आसानी से निकाला जा सकता है। इसके लिए प्रत्येक संवाददाता

द्वारा दिये गये समाचारों का कुल योग करना होगा और उसे संवाददाताओं की कुल संख्या अर्थात् 9 से भाग करना होगा।

जुलाई के महीने में अलग-अलग 9 संवाददाताओं द्वारा दिये गये समाचार–

13, 18, 13, 14, 13, 16, 14, 21, 13

मीन निकालने के लिए सूत्र इस प्रकार है

$$a = x_1 + x_2 + x_3 + x_4 ..... \frac{x_n}{n}$$

अथवा

$$a = \frac{\sum m}{n}$$

इस सूत्र में-

a = गणितीय औसत अथवा मीन का संकेत है।

$x_1 + x_2 + x_3 + ..... x_n$ = विभिन्न पदों (Items) का आकार है।

$\Sigma m$ = कुल योग। ग्रीक अक्षर $\Sigma$ सिग्मा योग अर्थात् जोड़ का संकेत है।

n = कुल पदों की संख्या है।

उक्त उदाहरण में विभिन्न पदों का मूल्य इस प्रकार है–

$x_1 = 13$

$x_2 = 18$

$x_3 = 13$

$x_4 = 14$

$x_5 = 13$

$x_6 = 16$

$x_7 = 14$

$x_8 = 21$

$x_9 = 13$

एक महीने में प्रति संवाददाता द्वारा दिये गये समाचारों का औसत होगा

$$a = \frac{13+18+13+14+13+16+14+21+13}{9}$$

$$a = \frac{135}{9} = 15$$

इस प्रकार हम देखते हैं कि 9 संवाददाताओं द्वारा एक महीने में दिये गये समाचारों का औसत 15 है। अर्थात् मीन 15 है।

**उदाहरण–2**

यदि हमारे पास नियमित अन्तराल वाले आँकड़ों का समूह हो तो मीन निकालने के लिए दूसरी प्रक्रिया अपनानी होगी। हमारे पास पत्रकारिता के अन्तिम वर्ष के छात्रों द्वारा एक विषय में प्राप्त अंकों का समूह है–

| प्राप्तांक | छात्रों की संख्या |
|---|---|
| 10-20 | 3 |
| 20-30 | 8 |
| 30-40 | 5 |
| 40-50 | 10 |
| 50-60 | 20 |
| 60-70 | 6 |

**तालिका 7.5 : अखंडित शृंखला का अंकगणितीय औसत**

यहाँ मीन निकालने की प्रक्रिया इस प्रकार होगी।

(i) मध्य- मूल्य (Mid Value) की गणना–सबसे पहले विभिन्न समूह को एक मध्य मूल्य में बदलना होगा। इसके लिए समूह की दोनों संख्याओं को जोड़कर उन्हें 2 से विभाजित करना होगा। इस प्रकार हम देखेंगे उक्त उदाहरण में पहले समूह का मध्य मूल्य होगा $\frac{10+20}{2}=15$

(ii) प्रत्येक मध्य मूल्य को उसकी आवृत्ति से गुणा कर गुणनफल के कुल योग को कुल आवृत्तियों (Frequencies) से विभाजित करना होगा।

$$a=\frac{\sum mf}{n}$$

| समूह विस्तार | मध्य मूल्य (m) Mid Value | आवृत्ति (f) Frequency | गुणनफल mxf(mf) |
|---|---|---|---|
| 10-20 | 15 | 3 | 45 |
| 20-30 | 25 | 8 | 200 |
| 30-40 | 35 | 5 | 175 |
| 40-50 | 45 | 10 | 450 |
| 50-60 | 55 | 20 | 1,100 |
| 60-70 | 65 | 6 | 390 |
| **कुल योग** | | **52** | **2360** |

**तालिका 7.6 : मध्य मूल्य की गणना - आवृत्तियों के साथ**

उक्त उदाहरण में $\Sigma mf = 2360$

$n = 52$ छात्रों की संख्या

अब सूत्र के अनुसार $a = \frac{2360}{52} = 45.38$

अर्थात् गणितीय माध्य अथवा औसत है 45.38

## गणितीय माध्य के लाभ (Advantages of Arithmetic Mean)

1. यह सबसे ज्यादा सहजता और सरलता से निकाला जा सकता है।
2. माध्य निकालने के लिए सभी पदों (Items) की जानकारी आवश्यक नहीं है। यदि अंकों अथवा पद के परिणामों का कुल योग और उनकी संख्या भी मालूम है तो सभी श्रेणियों का मीन ज्ञात किया जा सकता है।
3. यह तुलनात्मक अध्ययन के लिए बहुत उपयोगी विधि है।
4. इसमें माध्य सुनिश्चित होता है तथा इसका निर्धारण एकदम सही ज्ञात किया जा सकता है।
5. इसमें सभी पदों को समान महत्त्व दिया जाता है। इसमें श्रेणियों के बड़े-छोटे सभी प्रकार के पदों का समान महत्त्व होता है। प्रत्येक पद की गणना सिर्फ एक बार होती है। न तो किसी पद मूल्य को छोड़ा जाता है और न जरूरत से ज्यादा महत्त्व दिया जाता है।
6. इसमें भिन्न-भिन्न श्रेणियों के अंकों को किसी व्यवस्थित क्रम में रखने की आवश्यकता नहीं है।

## माध्य की सीमाएँ

1. चूँकि यह गणना पर आधारित है, इसलिए कई बार परिणाम बहुत असंगत रूप में सामने आते हैं जैसे कि प्रत्येक परिवार 1.8 समाचार पत्रों का नियमित ग्राहक है।
2. यदि पदों की संख्या बहुत ज्यादा है तो बड़े-बड़े जोड़, गुणा, भाग करने की आवश्यकता पड़ती है, जो कि इतना आसान नहीं है। अतः इसे यूँ ही सरसरी तौर पर नहीं किया जा सकता।
3. यह सर्वाधिक संख्या वाले पद अथवा न्यूतम संख्या वाले पदों से बहुत प्रभावित होता है, इसलिए यह समूह का सच्चा प्रतिनिधित्व नहीं करता।
4. यह बढ़ती अथवा घटती हुई प्रवृत्तियों की ओर संकेत नहीं करता। इसलिए कभी-कभी भ्रामक परिणाम भी मिलते हैं।
5. यह बात और ध्यान में रखनी चाहिए कि माध्य मूलांकों की सूची में से कोई एक अंक नहीं होता। यह सभी अंकों के जोड़ का एक सामान्य परिणाम होता है। अर्थात् हमें यह मानकर नहीं चलना चाहिए कि माध्य संख्याओं की शृंखला में कोई एक अंक होगा।

## 2. मध्यांक (Median)

मीडियन अर्थात् मध्यांक किसी भी अंक शृंखला में वह अंक होता है, जो उसे दो बराबर भागों में बाँट देता है। जब हम संख्याओं के एक समूह को आरोही या अवरोही क्रम में व्यवस्थित करते हैं, तो उस शृंखला में मध्य में स्थित संख्या 'मीडियन' अर्थात् मध्यांक कहलाएगी। इस श्रेणी में एक भाग मध्यांक से कम होगा और दूसरा

भाग मध्यांक से अधिक होगा। मध्यांक निकालने के लिए सबसे पहले शृंखला के सभी अंकों को आरोही या अवरोही क्रम में व्यवस्थित करना होता है।

## मध्यांक कैसे निकालें

मध्यांक निकालने से पहले यह जान लेना आवश्यक है कि मध्यांक श्रेणी के बिल्कुल मध्य वाला अंक नहीं होता, बल्कि उस संख्या का मूल्य होता है। किसी एक शृंखला में पदों की संख्या विषम हो तो मध्यांक सहजता से चिह्नित किया जा सकता है किन्तु पदों की संख्या सम होने पर मध्य के पदों के मूल्यों को जोड़कर आधा करने से मध्यांक निकाला जा सकता है।

**उदाहरण**

किसी एक समाचारपत्र में एक से दस तारीख तक प्रकाशित विज्ञापनों के आँकड़े इस प्रकार हैं–

| दिन | 1 | 2 | 3 | 4 | 5 | 6 | 7 | 8 | 9 | 10 |
|---|---|---|---|---|---|---|---|---|---|---|
| विज्ञापनों की संख्या | 15 | 18 | 14 | 5 | 11 | 16 | 26 | 10 | 25 | 7 |

**तालिका 7.7 : मध्यांक (Median) ज्ञात करने के लिए आँकड़े**

इन 10 दिनों में प्रकाशित विज्ञापनों की संख्या को हम आरोही या अवरोही क्रम में व्यवस्थित करेंगे।

| | | | | | | | | | | |
|---|---|---|---|---|---|---|---|---|---|---|
| **आरोही क्रम** | 5 | 7 | 10 | 11 | 14 | 15 | 16 | 18 | 25 | 26 |
| **अवरोही क्रम** | 26 | 25 | 18 | 16 | 15 | 14 | 11 | 10 | 7 | 5 |

अब हमें इस शृंखला में मध्यांक ज्ञात करने के लिए यह सूत्र ध्यान में रखना होगा–

$M = \frac{n+1}{2}$ वें पद का मूल्य

M = मध्यांक है।

n शृंखला के कुल पदों की संख्या है। उक्त उदाहरण में शृंखला के कुल पदों की संख्या 10 है। और मध्य का अंक दो संख्याओं के बीच है अर्थात् 14-15 आरोही क्रम में और 15-14 अवरोही क्रम में।

$M = \frac{10}{2}$ वें पद का मूल्य $+ \frac{10}{2} + 1$ वें पद का मूल्य

इस प्रकार उदाहरण में 5वें पद और 6वें पद का मूल्य

$$\frac{15+14}{2} = \frac{29}{2}$$

यहाँ मध्यांक होगा–14.5

अर्थात् 10 दिन में प्रकाशित विज्ञापनों का औसत 14.5 है।

**उदाहरण–3**

अब हम अन्तरालों वाली संख्याओं के समूहों का मध्यांक निकालने की विधि समझेंगे–

| पत्रकारिता के प्रथम वर्ष के छात्रों के प्राप्तांक | छात्रों की संख्या (आवृत्ति) |
|---|---|
| 0-5 | 8 |
| 5-10 | 5 |
| 10-15 | 4 |
| 15-20 | 12 |
| 20-25 | 20 |
| 25-30 | 10 |
| 30-35 | 7 |
| 35-40 | 18 |
| 40-45 | 1 |
| 45-50 | 6 |

**तालिका : 7.8 मध्यांक निकालने के लिए अखंडित शृंखला**

उक्त आँकड़ों के मध्यांक की गणना करने के लिए निम्नलिखित प्रक्रिया अपनानी होगी।

• इसके लिए पहले दी हुई आवृत्तियों को संचयी आवृत्ति (Commulative Frequency) में बदलना होगा। पहले समूह की संचयी आवृत्ति 8 होगी, दूसरे की 8+5= 13, तीसरे की 13+4= 17, चौथे की 17+12= 29 इस प्रकार सभी संख्याओं की संचयी आवृत्ति निकालनी होगी।

हमें मध्य वर्ग ज्ञात हो जाएगा।

• अब निम्न सूत्र का प्रयोग करना होगा-

$$M = l_1 + \left(\frac{i}{f}\right) X(m-c)$$

$l_1$ = मध्यांक वर्गान्तर की निम्नतम सीमा

f = मध्यांक वर्गान्तर से पूर्व वर्ग की संचयी आवृत्ति

i = मध्यांक वर्गान्तर की उच्चतर व निम्नतर सीमाओं का अन्तर

f = मध्यांक वर्गान्तर की आवृत्ति

c = संचयी आवृत्ति

m = मध्य पद

मध्य पद (Middle Item) का मान

$$(m) = \frac{n}{2} = (m) = \frac{91}{2} = 45.5$$

संचयी आवृत्ति में मध्य पद की स्थिति 49 है, क्योंकि 29 कम है 49 से और 59 ज्यादा है 49 से। 49 का माप है 20-25। इसलिए यही मध्यांक वर्गान्तर है।

अब इस प्रक्रिया के अनुसार आँकड़ों का मध्यांक निकालते हैं—

| प्राप्तांक | आवृत्ति | संचयी आवृत्ति (Commulative Frequency) |
|---|---|---|
| 0-5 | 8 | 8 |
| 5-10 | 5 | 13 |
| 10-15 | 4 | 17 |
| 15-20 | 12 | 29 |
| 20-25 | 20 | 49 |
| 25-30 | 10 | 59 |
| 30-35 | 7 | 66 |
| 35-40 | 18 | 84 |
| 40-45 | 1 | 85 |
| 45-50 | 6 | 91 |
| | 91 | |

**तालिका 7.9 : मध्यांक निकालने के लिए संचयी आवृत्ति**

$$M = L_1 + \left( \frac{i}{f} \right) \times (m - c)$$
$$= 20 + \left( \frac{5}{20} \right) \times (45.5 - 29)$$
$$= 20 + .25 \times 16.5$$
$$= 20 + 4.125$$
$$= 24.125$$

## मध्यांक के लाभ

1. मध्यांक निकालने के लिये सिर्फ मध्य पद का मूल्य और कुल पदों की संख्या ज्ञात हो, तो इसे आसानी से निकाला जा सकता है।
2. यह काफी सरल एवं स्पष्ट होता है।
3. इसमें सुनिश्चितता है, क्योंकि यह बाहरी तत्त्वों से प्रभावित नहीं होता।
4. इसके माध्यम से गुणात्मक (Qualitative) आँकड़ों का विश्लेषण आसानी से किया जा सकता है।
5. यह दिये गये पदों का अंश होता है, इसलिए सभी समूहों का उचित प्रतिनिधित्व करता है। इसका मान सभी पदों पर आधारित होता है।

## मध्यांक की सीमाएँ

1. साधारण अथवा सरल गणित की प्रक्रिया से इसे निकालना कठिन है।
2. पदों की संख्या में वृद्धि हो जाने से इसमें अन्तर आ जाता है, क्योंकि मध्य पद (Middle Item) बदल

जाता है।

3. मध्यांक तथा पदों की संख्या ज्ञात होने पर भी पदों का संयुक्त मूल्य ज्ञात नहीं किया जा सकता।
4. मध्यांक की गणना-प्रक्रिया काफी जटिल है। इसे ज्ञात करने के लिए न केवल पदों को आरोही या अवरोही क्रम में व्यवस्थित करना होता है, बल्कि अन्तराल वाली श्रृंखला में पद-मूल्यों से सम्बन्धित वर्गान्तरों (Intervals) का समान होना भी आवश्यक है।

## 3. बहुलांक (Mode)

मोड अर्थात् बहुलांक औसत निकालने की सबसे सामान्य प्रक्रिया है। एक श्रेणी में जिस भी पद की आवृत्ति सबसे ज्यादा होगी, वह बहुलांक कहलाएगा। बहुलांक संख्याओं के एक समूह का वह पद है, जो सबसे अधिक बार दिखाई देता है। बहुलांक की कुछ विशेषताएँ

- बहुलांक सभी पदों पर आधारित होता है।
- इसका सम्बन्ध सर्वाधिक आवृत्ति (Frequency) वाले मूल्य से है।
- एक संख्या समूह में कभी-कभी एक से अधिक दो या तीन बहुलांक भी हो सकते हैं। यदि ऐसा है तो बहुलांक ज्ञात करना कठिन होता है।
- बहुलांक ज्ञात करना अपेक्षाकृत सरल है। इसे बहुत जल्दी और आसानी से निकाला जा सकता है।

### बहुलांक कैसे ज्ञात करें

- बहुत सावधानी से अंक-श्रेणी का अवलोकन करने के बाद वह संख्या ज्ञात करें, जो सबसे ज्यादा बार दोहरायी गयी है।
- विभिन्न पदों के मान के अनुसार उन्हें आरोही (Ascending) क्रम में व्यवस्थित करें।
- इस क्रम में जिस पद की आवृत्ति सबसे ज्यादा है, वही बहुलांक है।
- बहुलांक निकालने की प्रक्रिया को निम्न उदाहरण से समझा जा सकता है–

| संस्थानों के नाम | समाचारपत्रों की संख्या |
|---|---|
| क | 10 |
| ख | 5 |
| ग | 9 |
| घ | 5 |
| ङ | 7 |
| च | 15 |
| छ | 5 |
| ज | 12 |
| झ | 5 |
| ञ | 2 |
| ट | 9 |
| ठ | 7 |

**तालिका 7.10 : विभिन्न संस्थानों से प्रकाशित होने वाले समाचारपत्र**

उक्त संख्या समूह का बहुलांक निकालने के लिए हमें आँकड़ों को इस प्रकार व्यवस्थित करना होगा।

| समाचारपत्रों की संख्या | संस्थानों के नाम एवं संख्या |
|---|---|
| 2 | 1(ञ) |
| 5 | 4 (ख-घ-छ-झ) |
| 7 | 2 (ङ-ठ) |
| 9 | 2 (ग-ट) |
| 10 | 1 (क) |
| 12 | 1 (ज) |
| 15 | 1 (च) |
| **कुल योग** | **12** |

**तालिका 7.11 : बहुलांक ज्ञात करने के लिए व्यवस्थित आँकड़े**

उक्त उदाहरण में 4 संस्थान (ख-घ-छ-झ) ऐसे हैं, जहाँ 5 समाचार पत्र आते हैं। अतः यहाँ बहुलांक 5 है।

यह उदाहरण स्वतन्त्र एक संख्या वाले समूह का था। अब हम वर्गान्तर संख्या समूहों (Groups of Numbers with Intervals) का बहुलांक ज्ञात करेंगे।

निम्नलिखित आँकड़े पत्रकारिता शिक्षा संस्थान के अन्तिम वर्ष के छात्रों द्वारा अर्जित अंकों के हैं।

| प्राप्तांक | छात्रों की संख्या |
|---|---|
| 0-100 | 5 |
| 100-150 | 13 |
| 150-200 | 10 |
| 200-250 | 12 |
| 250-300 | 25 |
| 350-400 | 20 |
| 400-450 | 26 |
| 450 से अधिक | 4 |

**तालिका 7.12 : प्राप्तांकों की अखंडित श्रेणी**

उक्त संख्या समूह में सर्वाधिक आवृत्ति वाली संख्या 26 है। इसलिए बहुलांक वर्ग होगा 400-450। लेकिन बहुलांक एक संख्या समूह नहीं, बल्कि एक संख्या होनी चाहिए। यह एक संख्या ज्ञात करने के लिए हमें निम्नलिखित सूत्र का प्रयोग करना होगा—

$$M_0 = l_1 + \left(\frac{f_1 - f_0}{2f_1 - f_0 - f_2}\right) \times i$$

$M_0$ – मोड अर्थात् बहुलांक

$l_1$ – बहुलांक वर्ग की निम्नतर सीमा

$f_1$ – बहुलांक वर्ग की आवृत्ति

$f_2$ – बहुलांक वर्ग से अगले वर्ग की आवृत्ति

$f_0$ – बहुलांक वर्ग से पूर्व वर्ग की आवृत्ति

$i$ – वर्गान्तर (Class Interval) अर्थात् बहुलांक वर्ग की उच्चतर और निम्नतर सीमा के बीच अन्तर।

उक्त उदाहरण में–

$l_1$= 400 बहुलांक वर्ग (400-450) की निम्नतर सीमा है।

$f_1$= 26 बहुलांक वर्ग की आवृत्ति है।

$f_0$= 20 बहुलांक वर्ग से पूर्व पद की आवृत्ति है।

$f_2$= 4 बहुलांक वर्ग से अगले पद की आवृत्ति है।

$i$= 50 बहुलांक वर्ग की निम्नतर और उच्चतर सीमा के बीच का अन्तर (400-450) : 450-400 = 50

इस प्रकार–

$$M_0 = 400 + \left(\frac{26-20}{26x2-20-4}\right) \times 50$$

$$= 400 + \left(\frac{6}{52-24}\right) \times 50$$

$$= 400 + \left(\frac{6}{28}\right) \times 50$$

$$= 400 + (.21) \times 50$$

$$= 400 + 10.50 = 410.50$$

## बहुलांक (Mode) के लाभ–

i. बहुलांक की गणना बहुत सरलता, शीघ्रता से की जा सकती है,

ii. इसे साधारण व्यक्ति भी आसानी से समझ सकता है।

iii. यह असामान्य इकाइयों से प्रभावित नहीं होता।

iv. पदों (Items) की संख्या बहुत ज्यादा होने पर भी बहुत आसानी से निकाला जा सकता है।

v. बहुलांक निकालने के लिए समस्त इकाइयों की माप जानना आवश्यक नहीं होता।

vi. इसकी गणना ग्राफ की सहायता से बहुत आसानी से की जा सकती है।

vii. यह स्वभाव से स्थायी होता है और इसलिए इससे सम्बन्धित निष्कर्ष अधिक प्रामाणिक और यथार्थ माने जाते हैं।

### बहुलांक की सीमाएँ

i. यह आकार और वर्गान्तर के साथ बदल जाता है। इसलिए इसमें अनिश्चितता बनी रहती है, क्योंकि समान आँकड़े अलग-अलग निष्कर्ष दे सकते हैं।

ii. यह समस्त पद मूल्यों का प्रतिनिधित्व न करके आवृत्ति वाले पद मूल्य का ही प्रतिनिधित्व करता है।

iii. यदि एक संख्या समूह में पदों की संख्या बहुत कम है तो इसके आधार पर ज्ञात बहुलांक बहुत अव्यावहारिक होता है।

iv. बहुलांक केवल निश्चित पदमाला में ही हो सकता है।

v. यदि बहुलांक का मूल्य और कुल पदों की संख्या ज्ञात हो तो उनको गुणा करके संख्या-समूह में स्थित सभी पद मूल्यों के योग को ज्ञात नहीं किया जा सकता।

## विचरण के मापक (Measures of Despersion)

एक संख्या-समूह में विभिन्न पदों के केन्द्रीय प्रवृत्ति से अन्तर के माप को सांख्यिकी शब्दावली में विचरण (Dispersion) कहते हैं। औसत, केन्द्रीय प्रवृत्ति की जानकारी तो दे सकता है, लेकिन यह उस समूह का समग्र चित्र प्रस्तुत नहीं करता। आँकड़ों के सही सांख्यिकी विश्लेषण के आधार पर निष्कर्ष ज्ञात करने के लिए एक संख्या समूह की केन्द्रीय प्रवृत्ति से उनके विभिन्न पदों के मान के अन्तर, विचलन (Deviation) की स्थिति को जानना आवश्यक है। अन्यथा कई बार भ्रमात्मक निष्कर्ष आते हैं। उदाहरण के तौर पर एक समाचारपत्र ने जनवरी में अपने 7 अलग-अलग स्वतन्त्र लेखकों को इस प्रकार मानदेय दिया–

| स्वतन्त्र लेखक | मानदेय |
|---|---:|
| 1 | 500 |
| 2 | 1500 |
| 3 | 250 |
| 4 | 750 |
| 5 | 1,000 |
| 6 | 500 |
| 7 | 2,500 |

**तालिका 7.13 : समाचारपत्र द्वारा स्वतन्त्र लेखकों को दिया गया मानदेय**

उक्त आँकड़ों के मध्यमान अर्थात् औसत के आधार पर कहा जा सकता है कि प्रत्येक स्वतन्त्र लेखक को जनवरी में 1000 रूपये मानदेय मिला, जबकि वास्तविक स्थिति इससे अलग है। सातों लेखकों को एक जैसा मानदेय नहीं मिला। इनमें काफी अन्तर है। ऐसी स्थिति में एक ऐसे माप की आवश्यकता होती है, जो अधिक से अधिक मूल्यों की केन्द्रीय प्रवृत्ति से भिन्नता या औसत विचलन की जानकारी दे सके। सभी इकाइयों के बीच औसत विचलन ज्ञात करने के लिए विचरण के मापकों (Measures of Dispersion) का प्रयोग किया जाता है।

## विचरण-माप की विधियाँ

**(Methods used for meseauring the dispersion)**

- सीमा विधि
  Method of Limits
  - रेंज
    Range
  - अर्द्धचतुर्थक रेंज
    Inter-Quartile Range
  - Semi Inter
    Quartile Range
- विचलन की विधि
  Method of Deviation
  - मध्यक विचलन
    Mean Deviation
  - मानक विचलन
    Standard Deviation

**चित्र 7.2 : विचरण मापने की विधियाँ**

### सीमा-विधि (Method of Limits)

विचरण ज्ञात करने की यह विधि संख्या-समूह या वर्ग की उच्चतम और निम्नतम सीमा पर आधारित है। इसे निम्न तरीकों से ज्ञात किया जा सकता है–

**(क) रेंज (Range)**–संख्या वर्ग अथवा समूह में भिन्नताओं का अन्तर मापने के लिए यह सबसे आसान विधि है। रेंज निम्नतम और उच्चतर सीमाओं के बीच के अन्तर को दर्शाती है। इसे एक उदाहरण से समझा जा सकता है–

एक समाचारपत्र में एक सप्ताह में छपने वाले विज्ञापनों की संख्या इस प्रकार है–

| सोम | मंगल | बुद्ध | बृहस्पति | शुक्र | शनि | रवि |
|---|---|---|---|---|---|---|
| 40 | 25 | 32 | 55 | 47 | 72 | 80 |

**तालिका 7.14 : एक सप्ताह में समाचारपत्र में छपने वाले विज्ञापनों की संख्या**

उक्त संख्या समूह में न्यूनतम संख्या 25 है और अधिकतम 80। इसकी रेंज ज्ञात करने के लिए हमें इस सूत्र की सहायता लेनी होगी :- $m_1 - m_0$

$m_1$= अधिकतम संख्या (माप) = 80

$m_0$= न्यूनतम संख्या (माप) = 25

80 - 25 = 55

उक्त संख्या समूह की रेंज 55 है।

**(ख) अर्द्ध चतुर्थक रेंज (Iter Quartile Range)**–इसमें संख्या समूह के सर्वाधिक और न्यूनतम मूल्य को आधार न मानकर पहले और चौथे मूल्य को आधार मानकर गणना की जाती है और निम्नलिखित सूत्र का प्रयोग करते हुए निष्कर्ष निकाला जाता है-

$IQR = Q_3 - Q_1$

IQR - अन्तर चतुर्थक रेंज

$Q_1$- पहले चतुर्थक का मान

$Q_3$- तीसरे चतुर्थक का मान

यदि किसी संख्या समूह में तीसरा चतुर्थक 88 है और पहला 35 है तो सूत्र के अनुसार- 88-35 = 53 इस संख्या समूह की अर्द्ध चतुर्थक रेंज 53 है।

## विचलन की विधि (Method of Deviation)

प्रो. देवेश किशोर के अनुसार विचलन ज्ञात मूल्य और मध्यक के बीच अन्तर का मापक है। यह ऋणात्मक (Negative) भी हो सकता है और धनात्मक (Positive) भी। विचलन भिन्नता के अन्तर की दिशा का संकेत देता है। जब संकेत सकारात्मक हो तो यह बड़ा होता है और नकारात्मक संकेत होने पर यह छोटा होता है।

विचलन की गणना दो प्रकार से की जा सकती है–

(क) मध्यक विचलन (Mean Deviation)

(ख) मानक विचलन (Standard Deviation)

इन दोनों विधियों से विचलन ज्ञात किया जाता है, किन्तु अधिकांशतः मानक विचलन का प्रयोग किया जाता है।

## मध्यक विचलन (Mean Deviation)

मध्यक विचलन ज्ञात करने के लिए किसी भी औसत-मीन, मीडियन, मोड को आधार मानकर अन्य पद मूल्यों से उसका विचलन ज्ञात किया जाता है। इसकी प्रमुख विशेषताएँ हैं–

1. इसे ज्ञात करने के लिए अंकगणितीय विधि का प्रयोग किया जाता है।
2. इसके लिए सबसे पहले अंकगणितीय औसत अर्थात् मीन, मीडियन, मोड ज्ञात करना होता है।
3. प्रत्येक पद का मीन/ मीडियन/ मोड (जिससे भी विचलन ज्ञात करना हो) से अन्तर ज्ञात किया जाता है।
4. प्रत्येक विचलन का उसी की आवृत्ति से गुणा किया जाता है।
5. प्राप्त गुणनफल का योग किया जाता है।
6. योग में इकाइयों की संख्या का भाग देकर मध्यक विचलन (Mean Deviation) ज्ञात किया जाता है।

मध्यक विचलन ज्ञात करने के लिए इस सूत्र का प्रयोग किया जाता है $\delta - \frac{\sum fd}{n}$ (मध्यक विचलन)

मध्यक विलचन का गुणांक

$$\frac{\delta}{Mean / Median / Mode}$$

$d$= मध्यक से प्रत्येक इकाई का विचलन

$\delta$ = ग्रीक अक्षर डेल्टा, जो मध्यक विचलन का चिह्न है

$n$= कुल पदों या इकाइयों की संख्या

$\Sigma$= ग्रीक अक्षर सिग्मा, जिसका अर्थ है कुल योग।

## मानक विचलन (Standard Deviation)

मानक विचलन को संकेत के रूप में S.D. अथवा δ (Small Sigma) चिह्नों से व्यक्त किया जाता है। मध्यक विचलन की एक बड़ी सीमा यह है कि इसमें धन (+) और ऋण (-) की ओर विचलन की गणना के समय ध्यान नहीं दिया जाता। इससे आगे का विश्लेषण सीमित हो जाता है। मानक विचलन में यह सीमा नहीं होती। मानक विचलन में धन (+) और ऋण (-) चिह्नों पर ध्यान दिया जाता है, लेकिन इनको समाप्त करने के लिए विचलन का वर्ग निकाल दिया जाता है।

## मानक विचलन की गणना करने की विधि

सूत्र - $\delta - \sqrt{\frac{\sum fd^2}{n}}$

उक्त सूत्र में—

S.D.या σ = मानक विचलन

$\sum d^2$ = विचलनों के वर्गों का योग

n = पदों अथवा इकाइयों की संख्या

Σ = योग

$\sqrt{\ }$ = वर्गमूल

**उदाहरण—**

पूर्वी दिल्ली में स्थित 5 विभिन्न कॉलेजों के पुस्तकालयों में आने वाली पत्रिकाओं की संख्या इस प्रकार है—

| पुस्तकालय | पत्रिकाएँ |
|---|---|
| 1 | 15 |
| 2 | 10 |
| 3 | 18 |
| 4 | 14 |
| 5 | 20 |

**तालिका 7.15 : मानक विचलन ज्ञान करने के लिए संख्या समूह**

निम्नलिखित विधि से उक्त संख्या समूह का मानक विचलन ज्ञात किया जा सकता है।

1. सबसे पहले उक्त संख्या समूह का अंकगणितीय औसत निकाला जाता है।

   a (अंकगणितीय औसत) पत्रिकाओं की कुल संख्या (77)/पुस्तकालयों की संख्या (5)

   $\frac{77}{5} = 15.4$

2. औसत से प्रत्येक पद (Item) का विचलन ज्ञात किया जाता है। इसमें धनात्मक (+) और ऋणात्मक (-) दोनों आवश्यक हैं। (d)

3. विचलनों के वर्गफल निकाले जाते हैं। ($d^2$)

4. विचलनों का आवृत्तियों से गुणा किया जाता है। ($fd^2$)

5. विचलनों और आवृत्तियों का योग ज्ञात किया जाता है। ($\Sigma fd^2$)

6. विचलनों के वर्गफलों का पदों की कुल संख्या (n) से भाग दिया जाता है। $\Sigma fd_2 / n$

7 प्राप्त भागफल का वर्गमूल निकाला जाता है। इस वर्गमूल से प्राप्त संख्या ही मानक विचलन होता है।

| पुस्तकालय | पत्रिकाएं | विचलन d | विचलन का वर्गफल $d^2$ | विचलनों का आवृत्तियों से गुणनफल $fd^2$ |
|---|---|---|---|---|
| 1 | 15 | – .4 | 16 | 240 |
| 2 | 10 | – 5.4 | 29.16 | 291.6 |
| 3 | 18 | + 3.4 | 11.56 | 208.08 |
| 4 | 14 | – 1.4 | 1.96 | 27.44 |
| 5 | 20 | + 4.6 | 21.16 | 423.2 |

$\Sigma fd^2 = 1190.32$

$$\Sigma \frac{fd^2}{n} = \frac{1190.32}{5} = 238.064$$

प्राप्त भागफल का वर्गमूल

$\sqrt{238.064 = 15.04}$

S.D. या $\sigma$ = 15.04

मानक विचलन = 15.04

मानक विचलन कठिन तथा जटिल होने के बावजूद सर्वाधिक वैज्ञानिक तथा विश्वसनीय विधि मानी जाती है।

## सम्बद्धता के मापक (Measures of Association)

सांख्यिकी विश्लेषण में कभी-कभी इस प्रकार के विश्लेषण की आवश्यकता होती है, जिसमें दो या अधिक सिद्धान्तों, समूहों, वर्गों या श्रेणियों के आँकड़ों के बीच आपसी सम्बन्ध ज्ञात करना आवश्यक होता है। आमतौर पर जब दो या अधिक 'वैरिएबल्स' में से एक वैरिएबल के घटने से दूसरे में वृद्धि देखी जाए तो इसका अर्थ है कि दोनों के बीच कोई आपसी सम्बन्ध है, इसे तकनीकी शब्दावली में सम्बद्धता के मापक कहते हैं। इसे आमतौर पर सह-सम्बन्ध (Correlation) भी कहा जाता है।

इसमें यह आवश्यक नहीं है कि आँकड़े एक दिशा में ही बदलाव दर्शाएँ या दूसरे से विपरीत दिशा में। दोनों के घटने या बढ़ने के बीच एक सम्बन्ध होना आवश्यक है। दोनों ही स्थितियों में आपसी सम्बन्ध अर्थात् सह-सम्बन्ध होगा, लेकिन इसे हम ऋणात्मक(-) या धनात्मक (+) सह-सम्बन्ध कहेंगे। धनात्मक (+) सह-सम्बन्ध तब होता है, जब दोनों वैरिएबल एक ही दिशा में बदलाव दर्शाते हैं। इसे प्रत्यक्ष सह-सम्बन्ध भी कहा जाता है। उदाहरण के लिए किसी पत्रिका का प्रसार जितना बढ़ेगा, उतनी ही आय बढ़ेगी। यह आय पत्रिका के बिकने

से बढ़ेगी और जब वह ज्यादा बिकेगी तो विज्ञापन भी ज्यादा मिलेंगे। अर्थात् प्रसार संख्या के बढ़ने से आय भी बढ़ेगी। इसी प्रकार यदि दोनों वैरिएबल विपरीत दिशा में बदलाव दर्शाते हैं तो वह ऋणात्मक (-) सह-सम्बन्ध होगा, इसे अप्रत्यक्ष सह-सम्बन्ध भी कहा जाता है। उदाहरण के लिए जनसंख्या ज्यादा बढ़ेगी तो जीवन-स्तर घटेगा, क्योंकि सुविधाएँ और संसाधन घटते जाएँगे।

संक्षेप में सह-सम्बन्ध की विशेषताओं को प्रोफेसर मनोज दयाल के शब्दों में इस प्रकार समझा जा सकता है।

1. सह-सम्बन्ध एक ऐसी दशा है, जो दो चरों (Variable) की परस्पर निर्भरता को सांख्यिकी रूप से स्पष्ट करती है।
2. सह-सम्बन्ध के सिद्धान्त की यह मान्यता है कि जब एक चर में परिवर्तन होता है, तो दूसरे चर में भी परिवर्तन होने लगता है।
3. दो चरों के बीच होने वाला परिवर्तन एक दिशा में हो सकता है और विपरीत दिशा में भी हो सकता है। परंतु दोनों ही दशाओं में उनके बीच स्पष्ट होने वाले सम्बन्ध को सह-सम्बन्ध कहा जाता है।
4. सह-सम्बन्ध दो चरों के बीच होने वाले परिवर्तन के कारण की व्याख्या नहीं करता, बल्कि किसी विशेष दशा में दो या अधिक चरों के बीच उनके प्रभाव एवं उस प्रभाव की सीमा को स्पष्ट करता है।
5. सह-सम्बन्ध दो चरों के बीच होने वाले किसी आकस्मिक परिवर्तन की व्याख्या नहीं करता, बल्कि किसी विशेष दिशा में दो या अधिक चरों के बीच पाये जाने वाले लगभग स्थायी सम्बन्ध को प्रदर्शित करता है।

## सह-सम्बन्ध के प्रकार (Types of Correlation)

सह-सम्बन्ध को इस प्रकार वर्गीकृत किया जा सकता है–

1. धनात्मक सह-सम्बन्ध (Positive Correlation)
2. ऋणात्मक सह-सम्बन्ध (Negative Correlation)
3. रेखीय सह-सम्बन्ध (Liner Correlation)
4. वक्र-रेखीय सह-सम्बन्ध (Curvilinear Correlation)

धनात्मक और ऋणात्मक सह-सम्बन्ध के बारे में पहले ही बताया जा चुका है।

जब दो वैरिएबल्स में बदलाव का अनुपात समान होता है और इसके विभिन्न मूल्यों को एक ग्राफ पेपर पर अंकित किया जाए, तो यह एक सीधी रेखा में उभरेगा। इसे रेखीय सह-सम्बन्ध (Linear Correlation) कहा जाता है।

जब दो वैरिएबल के बीच बदलाव का अनुपात अस्थिर तथा असमान हो और उसके विभिन्न मूल्यों को ग्राफ पेपर पर अंकित किया जाये तो यह वक्र रेखा में उभरेगा। इसे वक्र-रेखीय (Curvilinear Correlation) सह-सम्बन्ध कहते हैं।

## सह-सम्बन्ध कैसे ज्ञात करें

दो या अधिक चरों के बीच सह-सम्बन्ध स्थापित करने के बाद यह देखना होगा कि उनमें स्पष्ट रूप से किस सीमा तक आपसी सम्बन्ध है। इसे ज्ञात करने के तीन तरीके हैं–

1. दो वर्गों में काफी ऊँची डिग्री का सह-सम्बन्ध हो सकता है, इस कारण एक में जितना बदलाव होगा,

दूसरे में भी उतना ही होगा।

2. दो वर्गों के बीच बदलाव का अनुपात काफी कम हो सकता है, इसलिए एक में बदलाव का प्रभाव दूसरे पर नहीं होगा।
3. कभी-कभी दो चरों के बीच विपरीत दिशा में कोई बदलाव नहीं दिखाई देता, लेकिन फिर भी उनमें आपसी सम्बन्ध होता है।

सह-सम्बन्ध चाहे कैसा भी हो, उसका मान -1 से लेकर +1 बीच ही होता है। प्रो॰ मनोज दयाल ने इसे एक उदाहरण के माध्यम से इस प्रकार दर्शाया है—

| धनात्मक गुणांक | ऋणात्मक गुणांक | सह-सम्बन्ध का परिणाम |
|---|---|---|
| +1 | - 1 | पूर्ण सह-सम्बन्ध |
| + 0.81 से + 0.99 तक | -0.81 से- 0.99 तक | बहुत अधिक |
| + 0.61 से + 0.80 तक | - 0.61 से 0.80 तक | अधिक |
| + 0.41 से + 0.60 तक | - 0.41 से 0.60 तक | सामान्य |
| + 0.21 से + 0.40 तक | - 0.21 से 0.40 तक | कम |
| + 0.0 से + 0.20 तक | - 0.0 से 0.20 तक | बहुत कम |
| 0 | 0 | कोई सह-सम्बन्ध नहीं |

**तालिका 7.16 : सह-सम्बन्ध का एक उदाहरण**

गणितीय विधि के अतिरिक्त सह-सम्बन्ध दर्शाने के लिए ग्राफ विधि का प्रयोग भी किया जा सकता है। इसके लिए विभिन्न मानों (Items) को बिन्दु के रूप में ग्राफ पर अंकित करके उन्हें एक रेखा से आपस में जोड़ दिया जाता है। और फिर उन दोनों रेखाओं का अध्ययन किया जाता है। यदि दोनों रेखाएँ एक ही दिशा में, ऊपर-नीचे बढ़ती हैं, तो माना जाता है कि दोनों में धनात्मक सह-सम्बन्ध है। यदि रुझान इसके विपरीत आता है, दोनों रेखाएँ अलग-अलग दिशाओं में स्वतन्त्र रूप से बढ़ती हैं तो स्पष्ट है कि यहाँ वैरिएबल के बीच ऋणात्मक सह-सम्बन्ध है।

इसे एक उदाहरण से समझा जा सकता है—

निम्नलिखित आँकड़े दो अलग-अलग समाचारपत्रों में छपने वाले अलग-अलग प्रकार के समाचारों (क्रमशः राजनीतिक, आपराधिक, व्यापार, खेल, मनोरंजन, स्थानीय, राष्ट्रीय, अन्तर्राष्ट्रीय, स्वास्थ्य, शिक्षा सम्बन्धी) के हैं—

| समाचार | क | ख | ग | घ | ङ | च | छ | ज | झ | ञ |
|---|---|---|---|---|---|---|---|---|---|---|
| नवभारत टाइम्स | 18 | 21 | 15 | 14 | 13 | 16 | 20 | 12 | 10 | 5 |
| हिन्दुस्तान | 20 | 25 | 10 | 21 | 17 | 14 | 18 | 10 | 8 | 10 |

**तालिका 7.17 : दो अलग-अलग समाचारपत्रों में प्रकाशित विभिन्न समाचारों के आँकड़े**

## दो विभिन्न समाचारपत्रों में प्रकाशित समाचारों के बीच सह-सम्बन्ध

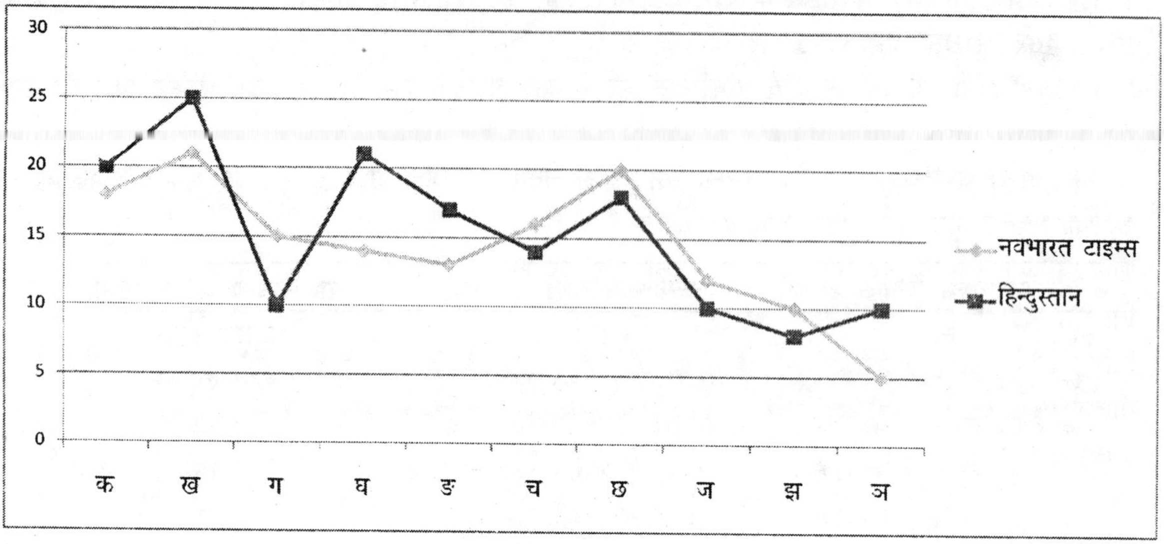


**चित्र 7.3 : ग्राफ के माध्यम से दर्शाया गया सह-सम्बन्ध**

## महत्ता का परीक्षण (Test of Significance)

जब हम शोध करते हैं तो एकत्रित नमूनों के विश्लेषण के आधार पर ही किसी निष्कर्ष तक पहुँचते हैं। जब हम समग्र जनसंख्या में से नमूने का चुनाव करते हैं तो चाहे कितना भी अधिक प्रतिनिधित्व करने वाले नमूने हों, उनमें दोष (Sampling Errors) आ ही जाते हैं। इसके दो मुख्य कारण हो सकते हैं–

1. नमूनों में उतार-चढ़ाव

2. परिकल्पना (Hypothesis) के अनुसार सोची गयी जनसंख्या और मुख्य जनसंख्या में अन्तर होना। नमूनों के इस दोष को जानने और कम करने के उद्देश्य से शोध-प्रक्रिया में कई प्रकार के परीक्षण किये जाते हैं। इन परीक्षणों के लिए सांख्यिकी उपकरणों की सहायता लेनी होती है।

सामान्यतः यह परीक्षण निम्नलिखित हैं–

1. 't'-Test (टी-परीक्षण)
2. 'F'-Test (एफ -परीक्षण)
3. 'Z'-Test (जेड-परीक्षण)
4. Chi Square -Test (काई स्क्वायर-परीक्षण)

**1. 't'-Test (टी-परीक्षण)**–सांख्यिकी आँकड़ा-विश्लेषण की प्रक्रिया में परिकल्पना को जाँचने के लिए सामान्यतः t-Test का प्रयोग किया जाता है। इसके माध्यम से यह पता लगाया जाता है कि दो स्वतन्त्र जनसंख्याओं के माध्य समान हैं या नहीं।

2. **F-Test (एफ-परीक्षण)**–एफ परीक्षण नल परिकल्पना (Null Hypothesis) के अन्तर्गत किये गये वितरण (Distribution) की शुद्धता को जानने के लिए किया जाता है। इस परीक्षण का उद्देश्य यह जानना है कि अपनाये गये मॉडल जनसंख्या के लिए उचित हैं या नहीं अथवा कौन-सा मॉडल सबसे सही होगा।

3. **Z-Test (जेड-परीक्षण)**–जेड परीक्षण के द्वारा हम नमूने और जनसंख्या के माध्य के अन्तर को जानने की कोशिश करते हैं और यह सुनिश्चित करते हैं कि क्या उनके बीच बहुत महत्त्वपूर्ण अन्तर है।

4. **Chi Square Test (काई स्क्वायर परीक्षण)**–Chi- स्क्वायर परीक्षण को $X^2$ Test के माध्यम से भी दर्शाया जाता है। इसका उच्चारण 'काई स्क्वेयर' किया जाता है। महत्ता की जाँच के लिए प्रयोग किये जाने वाले विभिन्न परीक्षणों में Chi स्क्वायर परीक्षण सबसे महत्त्वपूर्ण है। Chi स्क्वायर परीक्षण द्वारा जनसंख्या और विभिन्न श्रेणियों में विभाजित जनसंख्या के आँकड़ों की तुलना की जा सकती है। यहाँ जनसंख्या को उसके विभिन्न गुणों के आधार पर विभिन्न श्रेणियों में बाँटकर परीक्षण किया जाता है। उदाहरण के लिए हम किसी मीडिया शोध में उत्तरदाताओं को लिंग, शिक्षा, आय, व्यवसाय आदि के आधार पर अलग-अलग श्रेणियों में बाँट दें। परीक्षण के द्वारा हम जान सकते हैं कि–

- किये गये वितरण का सामान्य वितरण में सामंजस्य है या नहीं।
- दो अलग-अलग वितरणों का आपस में सामंजस्य है या नहीं।
- दो ज्ञात आवृत्तियाँ, दिये गये विशेष अनुपात में हैं या नहीं।
- दो अलग-अलग वर्गीकरण एक-दूसरे से स्वतन्त्र हैं या नहीं।

Chi स्क्वायर परीक्षण के बाद इस सन्देह का कोई आधार नहीं रह जाता कि परिकल्पना को बहुत सीमित प्रायोगिक दोषों के साथ स्वीकार किया जा सकता है और अवलोकित आँकड़ों का उपकल्पना के साथ सामंजस्य है।

**Chi स्क्वायर परीक्षण की विधि**

Chi स्क्वायर परीक्षण विधि से गणना का सूत्र है–

$$x^2 = \frac{O(O-E)^2}{\Sigma}$$

$X^2$ - Chi Square का संकेत

O - अवलोकित आवृत्ति (Observed Frequency)

E - संभावित आवृत्ति (Expected Frequency)

$\Sigma$ - योग

Chi स्क्वायर परीक्षण के लिए यह सूत्र भी प्रयोग किया जाता है–

$$x^2 = \left(\sigma_s^2 / \sigma_p^2\right)(n-1)$$

$\sigma_s^2$ नमूने में अन्तर है।

$\sigma_p^2$ जनसंख्या में अन्तर है।

$(n-1)n$ पदों की संख्या है।

एक समाचारपत्र कार्यालय में 10 उपसम्पादकों ने एक सप्ताह में निम्नलिखित संख्या में समाचार सम्पादित किये–

| उप-सम्पादकों के नाम | संपादित समाचारों की संख्या |
|---|---|
| क | 20 |
| ख | 44 |
| ग | 35 |
| घ | 24 |
| ङ | 52 |
| च | 30 |
| छ | 28 |
| ज | 15 |
| झ | 35 |
| ञ | 17 |

**तालिका 7.18 : उप-सम्पादकों द्वारा सम्पादित समाचार**

विभिन्न उपसम्पादकों द्वारा संपादित समाचारों की संख्या में अन्तर इस प्रकार ज्ञात करेंगे–

| उपसम्पादकों के नाम | संपादित समाचारों की संख्या | माध्य में अन्तर $(x_i-x)$ | $(x_i-x)^2$ |
|---|---|---|---|
| क | 20 | -7 | 49 |
| ख | 44 | +17 | 289 |
| ग | 35 | +8 | 64 |
| घ | 24 | –3 | 9 |
| ङ | 22 | –5 | 25 |
| च | 30 | +3 | 9 |
| छ | 28 | +1 | 1 |
| ज | 15 | –12 | 144 |
| झ | 35 | +8 | 64 |
| ञ | 17 | –10 | 100 |
| n=10 | | $\sum x_i = 270$ | |

$\sum(x_i - x)^2 = 754$

**तालिका 7.19 : नमूना आँकड़ों के बीच अन्तर का सारणीकरण**

$$x = \frac{\sum x_i}{n} = \frac{270}{10} = 27 \text{ समाचार}$$

यहाँ $\overline{x}$ माध्य है

इस प्रकार $n-\sqrt[1]{\Sigma\left(x_1 - x^-\right)^2} = \sqrt{\frac{754}{10-1}} = \sqrt{83.77}$

$$x^2 = \left(\frac{83.77}{27}\right) \times (10-1)$$

$$x^2 = 3.102 \times 9 = 27.198$$

ये दोनों मूल्य Chi स्क्वायर परीक्षण से प्राप्त मूल्य 27.198 से कम हैं। इससे हम इस निष्कर्ष पर पहुँचते हैं कि वैरिएंस के दिये गये वर्गीकरण को 5% और 1% स्तर पर 20 समाचार महत्त्व के साथ नहीं देखा जा सकता। दूसरे शब्दों में कहा जा सकता है कि नमूना 20 समाचारों के वैरिएंस वाली जनसंख्या से नहीं लिया गया।

**Chi स्क्वायर-परीक्षण के लिए कुछ स्थितियाँ–**

Chi स्क्वायर-परीक्षण करने से पहले कुछ स्थितियाँ सुनिश्चित कर लेनी चाहिए–

- प्रत्येक समूह में पदों की संख्या 10 से कम न हो। यदि यह 10 से कम है तो साथ वाले समूह की आवृत्तियों को जोड़कर दुबारा एक समूह बनाया जाता है, ताकि पदों की संख्या 10 से अधिक हो।
- नमूने में विभिन्न पद स्वतन्त्र होने चाहिए।
- नमूना संग्रह के लिए रैंडम विधि का प्रयोग हो।
- पदों की संख्या ज्यादा होनी चाहिए। बेहतर परिणामों के लिए कम से कम 50।

## आँकड़ों के विश्लेषण के लिए सॉफ्टवेयर

आँकड़ों के सांख्यिकी विश्लेषण के लिए यूँ तो बाजार में अनेक सॉफ्टवेयर उपलब्ध हैं, लेकिन संचार और मीडिया शोध में सामान्यतः जिस कम्प्यूटर सॉफ्टवेयर का प्रयोग किया जाता है, उसे एस.पी.एस.एस.(SPSS) के नाम से जाना जाता है। SPSS अर्थात् स्टैटिस्टिकल पैकेज फॉर द सोशल साइंसेज (Statistical Package for the Social Sciences)। इस सॉफ्टवेयर के द्वारा आँकड़ों का विश्लेषण आसानी से तेज गति से और कम से कम मानवीय भूलों के साथ जा सकता है। यह सॉफ्टवेयर संचार और मीडिया शोध, समाजशास्त्रीय शोध के किसी भी प्रकार के आँकड़ों का विश्लेषण करता है। एस.पी.एस.एस. के पैकेज में डाटा एंट्री, डाटा मैनेजमेंट, सांख्यिकी विश्लेषण और प्रेजेंटेशन आदि सॉफ्टवेयर उपकरणों का सेट होता है। इसका उपयोग बाजार शोधकर्त्ताओं, स्वास्थ्य शोधकर्त्ताओं, सर्वेक्षण कम्पनियों, सरकारी विभागों, शैक्षिक शोधकर्त्ताओं, विपणन संस्थाओं और पत्रकारों द्वारा किया जाता है। 1968 में इसे नोमन एच नी (Noman H. Nie) और सी. हडलई हल (C. Hadlai Hull) ने विकसित किया था। यह सांख्यिकी विश्लेषण के एक महत्त्वपूर्ण कम्प्यूटरीकृत उपकरण के तौर पर सामने आया। इसका उपयोग सांख्यिकी विश्लेषण के अतिरिक्त, डाटा प्रबन्धन और डॉक्यूमेंटेशन के लिए भी किया जाता है।

**एस.पी.एस.एस. की विशेषताएँ–**

- इसका प्रयोग करना और इसे सीखना बहुत आसान है।
- इसके माध्यम से शोधकर्त्ता आँकड़ों के विशाल अम्बार का प्रबन्धन आसानी से कर सकता है।
- यह शोधकर्त्ता की सांख्यिकी विश्लेषण क्षमता को बढ़ाता है।
- इसके माध्यम से रिपोर्ट तैयार करना और आँकड़ों का प्रस्तुतीकरण बहुत आसान हो जाता है, क्योंकि यह आँकड़ों का विश्लेषण बहुत तेजी से और आसानी से करता है।
- इस सॉफ्टवेयर का प्रयोग करते हुए हम आँकड़ों का संक्षिप्तीकरण चार्ट, ग्राफ, बार आदि के रूप मे आसानी से करते हैं। इसके 14.0 संस्करण में चार्ट बिल्डर विकल्प है, जिसके जरिये ग्राफ और चार्ट आसानी से बनाये जा सकते हैं।
- इस सॉफ्टवेयर के साथ इसके प्रयोग की विधि निर्देशिका भी मिल जाती है। 2009 में आईबीएम (IBM) कम्पनी द्वारा इस प्रणाली को खरीद लिये जाने के बाद अब यह बाजार में IBM SPSS के नाम से उपलब्ध है।

## आँकड़ों का चित्रमय प्रस्तुतीकरण

किसी भी प्रकार के जटिल से जटिल और नीरस व बोझिल आँकड़ों को ग्राफ, चार्ट आदि के द्वारा संक्षिप्त, सरल एवं रोचक ढंग से प्रस्तुत किया जा सकता है। इसके अनेक लाभ हैं। जैसे–

- चित्रों के माध्यम से विभिन्न आँकड़ों और तथ्यों की तुलना आासानी से की जा सकती है।
- अलग-अलग आकारों, रंगों में होने के कारण तथ्यों को सहज सम्प्रेषणीय बनाया जा सकता है।
- चित्र आँकड़ों का प्रतिनिधित्व करते हैं।
- इनके माध्यम से महत्त्वपूर्ण तथ्यों को गहरे और कम महत्त्वपूर्ण तथ्यों को हल्के रंग से दर्शाया जा सकता है, जिससे अन्तर स्वतः स्पष्ट हो जाता है।

शोध रिपोर्ट में चित्रों के महत्त्व को रेखांकित करते हुए मोरोने ने लिखा है, "जिस प्रकार एक मानचित्र हमारे सामने एक विशाल देश का विहंगम दृश्य प्रस्तुत करता है, उसी प्रकार चित्र एक ही झलक में संख्यात्मक और जटिल तथ्यों का सम्पूर्ण अर्थ स्पष्ट करने में सहायक होते है।"

पी.वी.युंग के अनुसार, "चित्र सांख्यिकी तथ्यों के विशाल समूहों को बोधगम्य बनाने में महत्त्वपूर्ण भूमिका निभाते हैं।"

- आँकड़ों, तथ्यों और अन्य सूचनाओं के चित्रमय प्रदर्शन से पाठकों के समय की बचत होती है।
- आँकड़ों, तथ्यों और सूचनाओं को यदि ग्राफ, चार्ट आदि के माध्यम से प्रस्तुत किया जाए तो उन्हें याद रखने में आसानी होती है।
- चित्रों द्वारा गुणात्मक (Qualitative) तथ्यों को भी आसानी से प्रस्तुत किया जा सकता है।
- चित्रों के माध्यम से किसी प्रवृत्ति की पूर्व और वर्तमान स्थिति को आसनी से दर्शाया जा सकता है और इसी आधार पर भविष्य के रुझान का भी पूर्वानुमान लगाया जा सकता है।
- आँकड़ों का चित्रमय प्रदर्शन शोधकर्त्ता के बुद्धि, कौशल, अनुभव, योग्यता और कलात्मक रुझान का परिचय देता है।

## चित्रों के प्रकार

**चार्ट**–चार्ट-ग्राफ और चित्र का मेल है, जिसमें महत्त्वपूर्ण तथ्यों और विचारों का चित्रमय तार्किक प्रस्तुतीकरण होता है। चार्ट के माध्यम से आँकड़ों के बीच सम्बन्ध, तुलना, विकास, प्रक्रिया, वर्गीकरण और प्रबन्धन को बेहतर ढंग से समझाया जा सकता है।

**ग्राफ**–ग्राफ सांख्यिकी आँकड़ों का दृश्य रूप में प्रतिनिधित्व करते हैं। सामान्यतः समाचारपत्रों, पत्रिकाओं, टेलिविजन आदि में किसी रुझान या तथ्यों को दर्शाने के लिए ग्राफ का प्रयोग किया जाता है।

ग्राफ कई प्रकार के होते हैं–

**लाइन ग्राफ**

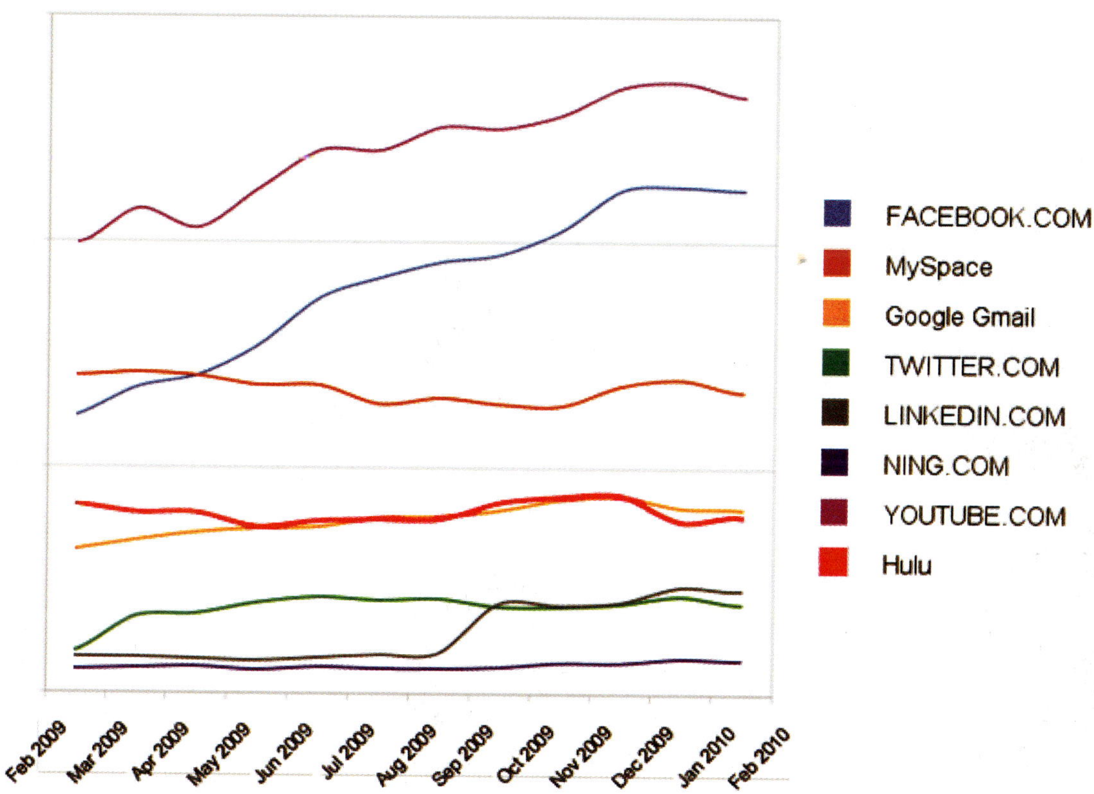


**चित्र 7.4 : सोशल मीडिया के बदलते परिदृश्य को बताता लाइन ग्राफ।**

## बार ग्राफ के दो उदाहरण

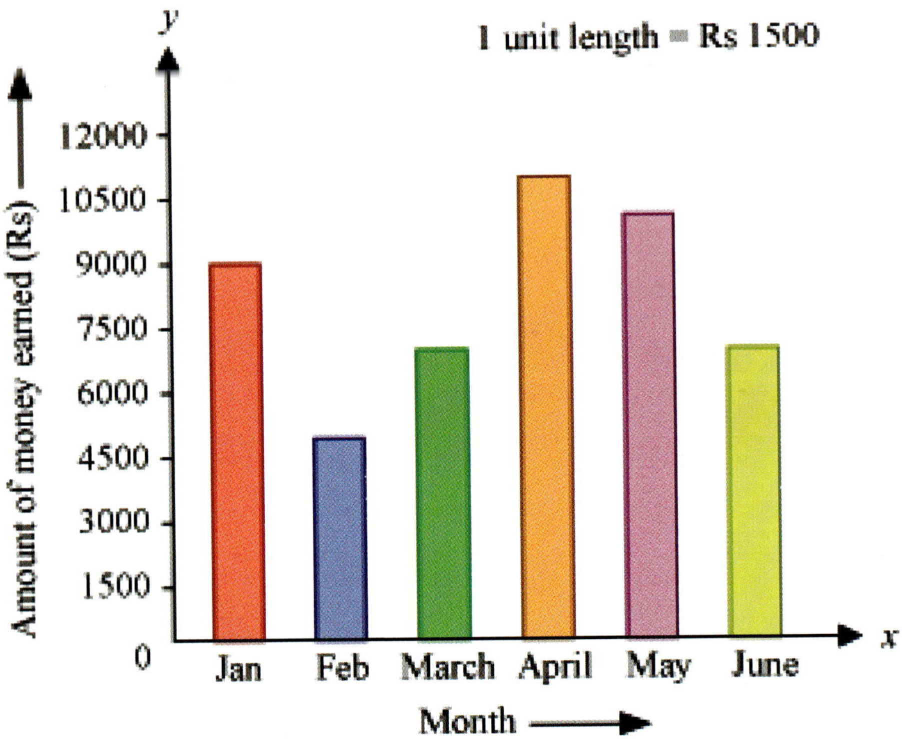


चित्र 7.5 : ऊर्ध्वाकार बार ग्राफ।

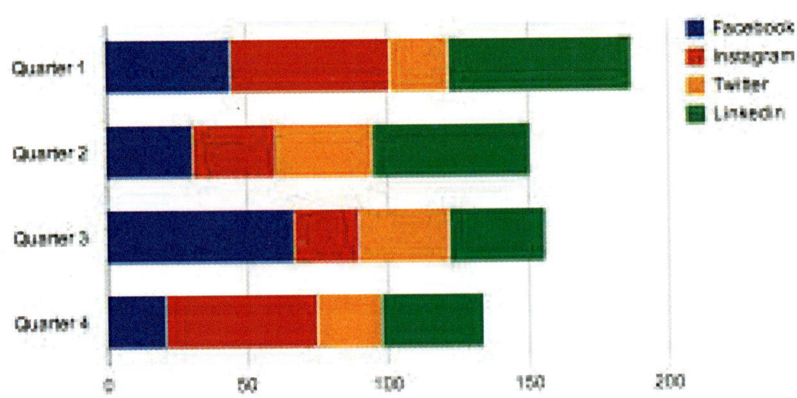


चित्र 7.6 : क्षितिजाकार बार ग्राफ के माध्यम से सोशल मीडिया की लोकप्रियता को दर्शाया गया है।

## पाई ग्राफ

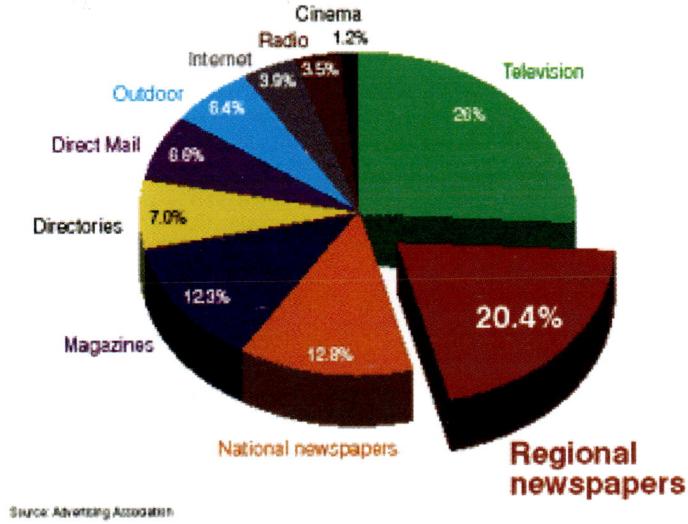


चित्र 7.7 : विभिन्न संचार माध्यमों के प्रयोग को दर्शाता पाई ग्राफ।

## हिस्टोग्राम ग्राफ

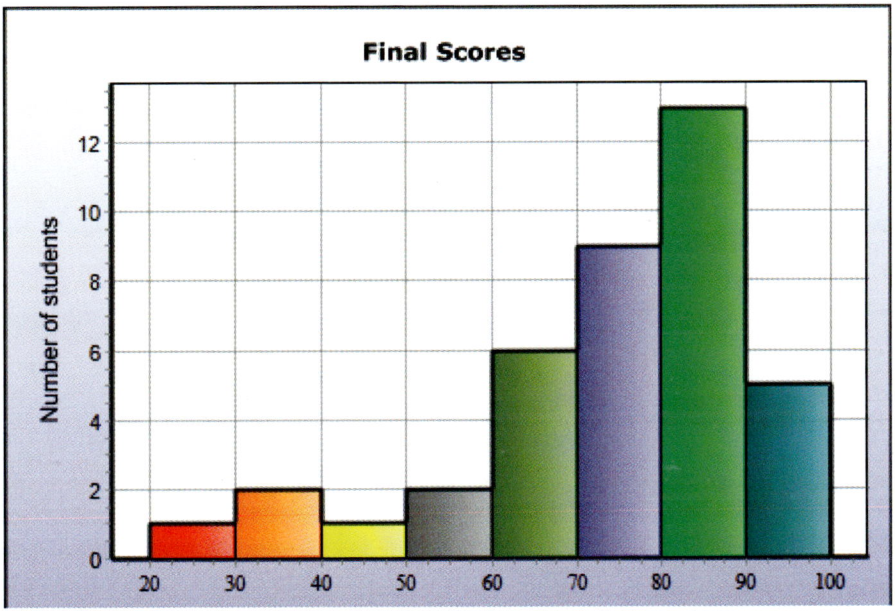


चित्र 7.8 : एक मीडिया संस्थान के छात्रों द्वारा प्राप्त अंकों को हिस्टोग्राम ग्राफ के माध्यम से दर्शाया गया है।

# चित्रमय ग्राफ

## सोशल मीडिया का प्रभाव

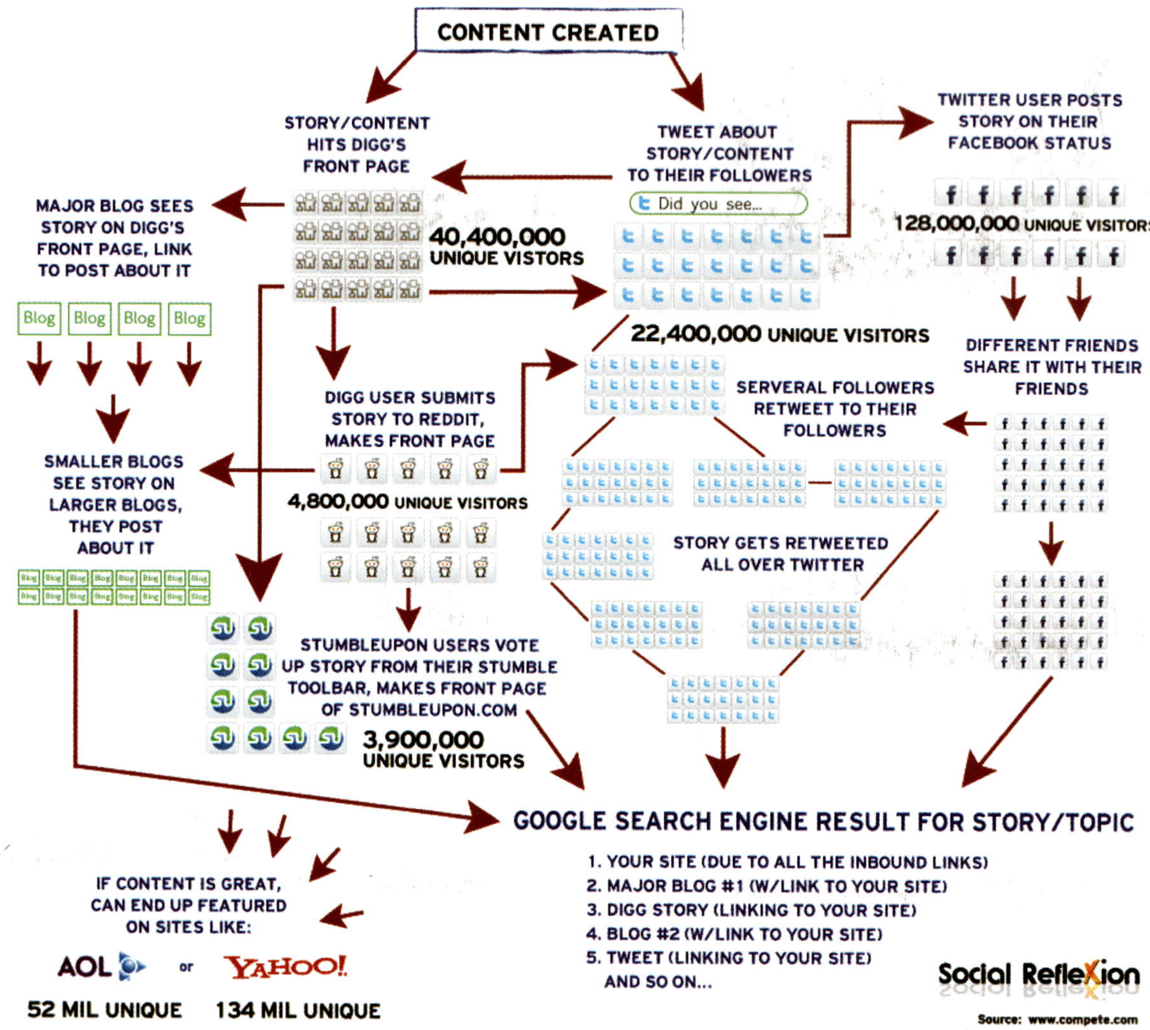


**चित्र 7.9 : सोशल मीडिया के प्रभाव को दर्शाता चित्रमय (Pictorial) ग्राफ।**

अलग-अलग प्रकार के आँकड़ों, तथ्यों और सूचनाओं के प्रदर्शन के लिए उपर्युक्त चार्ट, ग्राफ आदि का प्रयोग किया जा सकता है।

## सन्दर्भ


• Prof. (Dr.) Devesh Kishore (2013), Handbook of Communication Resreach, Makhanlal Chaturved,

National University of Journalism, Bhopal

- Marija Nourusis (2006), S P S S 15.0 Advanced Statistical Procedures Companion, Upper Saddel River, Prentice Hall N.J.
- Kultar Singh (2010), Quantitative Social Research Methods (4th Printing), Sage, New Delhi.
- Johan C. Reinard (2006), Communication Research Statistics, Sage, New Delhi .
- Gopal K Kanji (2006), 100 Statistical Tests (3rd Edition) Sounth Asia, Vistaar Publications, Sage, New Delhi.
- Roger D. Wimmer, Joseph R. Dominick (2012), Mass Media Research : An Introduction (9th Edition), Cengage Learning, New Delhi.
- जी. के. अग्रवाल एवं एस.एस. पांडे (2000), सामाजिक शोध, पुस्तक महल, पटना।
- डॉ. मनोज दयाल (2010), मीडिया शोध, हरियाणा साहित्य अकादमी, पंचकूला।

## अध्याय-8

# मीडिया-प्रभाव मापना

# Measuring the Impact of Media

मीडिया प्रबंधकों के लिए मीडिया प्रभाव मापना एक महत्त्वपूर्ण उपकरण है। पिछले कई दशकों से मीडिया संस्थान इस प्रभाव को मापने के लिए मीडिया शोध के विभिन्न तरीके अपनाते रहे हैं। अमरीका के एक प्रमुख-कार्यक्रम निदेशक फिल लोकासिये के अनुसार–"दर्शकों, श्रोताओं और पाठकों के बारे में और उनकी पसन्द-नापंसद जानने का एकमात्र साधन मीडिया शोध है।"

मीडिया-प्रभाव मापने के लिए अलग-अलग क्षेत्र अलग-अलग तरीके अपनाते हैं जैसे समाचार-पत्र, पत्रिकाएं पाठक सर्वेक्षण कराती हैं तो टेलिविजन चैनल पीपुल्स मीटर, डायरी विधि, जनमत सर्वेक्षण आदि तरीकों से सर्वेक्षण कराते हैं। इस अध्याय में हम विभिन्न माध्यमों द्वारा प्रयोग किये जा रहे मीडिया प्रभाव मापने के तरीकों की चर्चा करेंगे।

## दर्शक-श्रोता अनुसन्धान

इलेक्ट्रोनिक मीडिया में कई प्रकार के शोधकर्त्ता जुड़े होते हैं, जो आवश्यकतानुसार सूचनाएँ उपलब्ध कराते हैं। विभिन्न मीडिया संस्थान कई बार इस काम के लिए पेशेवर निजी शोध कम्पनियों की सेवाएँ लेते हैं। ज्यादातर रेडियो और टेलिविजन चैनलों या टी.वी. नेटवर्क में उनके अपने शोध प्रकोष्ठ (Research Cell) होते हैं। इसके अलावा विभिन्न कॉलेजों और विश्वविद्यालयों में शोध विभाग भी हैं। इलेक्ट्रॉनिक मीडिया शोध आज अरबों डॉलर का अन्तरराष्ट्रीय व्यापार बन गया है, जो तेजी से बदलती प्रौद्योगिकी और शोध-विधियों में आ रहे बदलाव और सुधार के कारण और भी तेजी से विस्तार पा रहा है।

प्रसारण-शोध (Broad Casting Research) की शुरुआत तो रेडियो के उद्भव के साथ 1920 में ही हो गयी थी, लेकिन 1930 के दशक में इसका महत्त्व बढ़ने लगा, जब रेडियो पर विज्ञापनों का प्रसारण होने लगा। श्रोताओं द्वारा विज्ञापनों को स्वीकार किया जाना इलेक्ट्रॉनिक मीडिया शोध में पहला कदम था। और यह कदम उठाने वाले प्रसारक (Broadcaster) नहीं थे, बल्कि विज्ञापनदाता थे। विज्ञापनदाता जानना चाहते थे कि कितने श्रोताओं तक उनका सन्देश पहुँचा और सन्देश कितना प्रभावी था और विज्ञापनदाताओं को श्रोताओं की संख्या और प्रकार के बारे में जानकारी देना, प्रसारकों की जिम्मेदारी थी। यही स्थिति आज भी है–विज्ञापनदाता आज भी लगातार उन लोगों के बारे में जानकारी चाहते हैं, जो उनका विज्ञापन देखते और सुनते हैं ताकि श्रोताओं और दर्शकों के व्यवहार और उनके रहन-सहन, सोच के अनुसार ही विज्ञापन बनाये जायें।

रेडियो और टेलिविजन चैनलों में अपने दर्शकों और श्रोताओं की जानकारी प्राप्त करने के लिए या तो उनमें एक अलग विभाग होता है या फिर वे स्वतन्त्र निजी शोध संस्थाओं की सेवाएँ लेते हैं। भारत में लोक प्रसारक

(Public Broadcaster) दूरदर्शन और आकाशवाणी में इस कार्य के लिए बिल्कुल अलग विभाग हैं। दूरदर्शन में इस विभाग को दर्शक अनुसन्धान एकांश (Audience Reserch Unit) कहा जाता है और आकाशवाणी में श्रोता अनुसन्धान एकांश (Audience Research Unit) कहा जाता है।

## श्रोता अनुसन्धान

आकाशवाणी के श्रोता अनुसन्धान एकांश में श्रोताओं से कार्यक्रमों और रेडियो चैनलों से सम्बन्धित 'फीडबैक' लेने के लिए मात्रात्मक और गुणात्मक दोनों विधियाँ अपनायी जाती हैं। मात्रात्मक में फील्ड सर्वे और मेल सर्वे के माध्यम से आँकड़े जुटाये जाते हैं, जबकि गुणात्मक विधि में 'क्विक फीडबैक सर्वे' और 'फोकस ग्रुप डिस्कशन' तरीके अपनाये जाते हैं। आमतौर पर गुणात्मक विधि से आकाशवाणी के विविध केन्द्र अपने कार्यक्रमों के बारे में श्रोताओं की राय लेते हैं। आकाशवाणी के 38 केन्द्रों में इस प्रकार के अनुसन्धान एकांश है। अन्य रेडियो स्टेशन भी इसी प्रकार कार्यक्रमों के बारे में अपने श्रोताओं की राय जानते हैं।

## दर्शक अनुसन्धान और टेलिविजन रेटिंग प्वाइंट (टीआरपी)

टेलिविजन में दर्शक अनुसन्धान में सामान्यतः दो विधियाँ अपनायी जाती हैं—

**दर्शक अनुसन्धान की विधियाँ**

डायरी विधि | मीटर विधि

**चित्र 8.1 : दर्शक अनुसंधान के लिए प्रयोग होनेवाली विधियाँ**

टेलिविजन अनुसन्धान में नमूना इकाई कोई एक व्यक्ति न होकर पूरा परिवार होता है। इसका कारण है कि ज्यादातर घरों में एक ही टीवी सेट होता है और आमतौर पर सभी सदस्य एक साथ मिलकर टीवी देखते हैं। इस प्रकार परिवारों में देखे जाने वाले कार्यक्रमों के आधार पर किसी कार्यक्रम विशेष की रेटिंग की जाती है।

## डायरी विधि

डायरी विधि में रैंडम नमूना लेने के लिए कुछ परिवारों को चुन लिया जाता है और साक्षात्कार लेने वालों को उन घरों में डायरी के साथ भेजा जाता है। बातचीत में यदि परिवार के लोग सर्वेक्षण में सहयोग के लिए राजी होते हैं तो डायरी वहाँ छोड़ दी जाती है और उसे भरने का तरीका समझा दिया जाता है। हर टेलिविजन सेट के लिए एक डायरी दी जाती है और एक सप्ताह बाद साक्षात्कारकर्त्ता वह डायरी ले जाता है। कभी-कभी पन्द्रह दिन के लिए भी डायरी दी जाती है।

डायरी सामान्यतः टीवी सेट के पास रख दी जाती है और जो भी व्यक्ति जो कार्यक्रम देखता है, वह उसका समय, चैनल और कार्यक्रम का नाम उसमें दर्ज कर देता है।

डायरी में आमने-सामने दोनों पृष्ठों पर बड़ी-सी तालिका होती है। इसमें आड़ी पंक्तियाँ दिन के घंटे दर्शाती हैं, जबकि हर टीवी चैनल के लिए एक अलग स्तम्भ होता है। लोग उस बॉक्स में निशान लगा देते हैं, जिस चैनल को वे देख रहे होते हैं। इस डायरी से यह तो पता नहीं चलता कि किस व्यक्ति ने परिवार में टीवी देखा, निशान लगे होने का अर्थ है कि किसी ने टीवी देखा। दूसरा तरीका डायरी भरने का यह है कि चैनल के स्तम्भ

में निशान लगाने के साथ समय वाले बॉक्स में यह भी लिख दिया जाये कि कितने लोगों ने टीवी उस समय देखा। डायरी के सामने वाले पृष्ठ पर कुछ जानकारियां दर्ज की जाती हैं जैसे 'अ' व्यक्ति की आयु 35-44, 'ब' महिला की आयु 25-34 आदि। डायरी विधि से आँकड़ों के संग्रह में समय अधिक लगता है और लोग इतनी आसानी से सहयोग नहीं करते।

टेलिफोन सर्वे भी एक प्रकार से डायरी विधि ही है। लेकिन इसमें कमी यह है कि लोग ज्यादा दिन तक अपना टीवी देखने का समय और चैनल व कार्यक्रम याद नहीं रख पाते। हालाँकि यह माध्यम अपेक्षाकृत कम खर्चीला है। यह विधि दो-तीन चैनलों की रेटिंग जानने के लिए तो अपनायी जा सकती है, लेकिन सभी चैनलों के लिए नहीं। इसमें मुख्य कठिनाइयाँ दो तरह की आती हैं—

(क) प्रसारण से बहुत दिन पहले कार्यक्रमों का समय जान पाना और उसे छापकर डायरी बाँटना।

(ख) टीवी चैनल अक्सर अपना विज्ञापनों का समय बदलते रहते हैं।

## मीटर विधि

डायरी विधि में जहाँ उत्तरदाता हर सप्ताह अलग-अलग होते हैं, वहीं मीटर विधि उत्तरदाता कई महीनों के लिए वही बने रहते हैं सम्भवतः 6 महीने से 2 साल तक। चूंकि मीटर लगाना महंगी प्रक्रिया है और इसे बार-बार बदला नहीं जा सकता। जब कोई परिवार कुछ पाने के बदले में, जैसे— टीवी सेट के रखरखाव की गारंटी, या यूँ ही सहयोग के लिए तैयार हो जाता है तब एक टेक्नीशियन घर आकर प्रत्येक टीवी सेट को तारों के द्वारा मीटर से जोड़ देता है। उसके बाद जितनी भी देर टीवी चलता है, मीटर उसके हर एक मिनट का विवरण दर्ज करता जाता है। हर सुबह शोध-संस्था के कम्प्यूटर ऑटोमैटिक ढंग से मीटर को डायल करते हैं, जो कि पिछले दिन और रात में देखे गये टेलिविजन कार्यक्रमों का विवरण दे देता है। इसमें तीन चीजें अंकों के माध्यम से सेट की जाती हैं—1. चैनल संख्या 2. शुरुआत का समय 3. समाप्ति का समय। जितनी भी बार, जितने समय के लिए चैनल स्विच ऑन किया जाएगा, हर बार का विवरण मीटर में दर्ज होगा।

### पीपुल्स मीटर

अमरीकी शोध संस्था नील्सन इस कार्य के लिए **पीपुल्स मीटर** का प्रयोग करती है। पीपुल्स मीटर न केवल चैनल और उसे देखे जाने वाले समय के बारे में जानकारी देता है, अपितु यह भी जानकारी देता है कि घर के कौन-से लोग उसे देख रहे हैं।

पीपुल्स मीटर पेपरबैक किताब के आकार का एक बक्सा होता है, जिसे हर टीवी सेट के पास टाँग दिया जाता है। इसे रिमोट कंट्रोल के साथ जोड़ दिया जाता है। परिवार के प्रत्येक सदस्य के नाम अलग बटन कर दिया जाता है, जो उसकी आयु और लिंग से मेल खाता है। जब भी टीवी चलाया जाता है, मीटर में एक बत्ती जलने लगती है, जो कि दर्शक को अपना बटन दबाने की याद दिलाती है। यदि घर में कोई मेहमान आदि आते हैं और टीवी देखते हैं तो उनकी आयु और लिंग को सिस्टम में दर्ज कर अतिरिक्त बटन दबा दिया जाता है।

एक पीपुल्स मीटर में 1 से लेकर 8 तक बटन होते हैं और इसके रिमोट में भी 8 बटन होते हैं। हर व्यक्ति के लिए एक बटन फिक्स कर दिया जाता है। टीवी चलते ही बत्तियाँ जलने के साथ एक सन्देश फ्लैश होने लगता है 'हू इज प्रेजेंट?' अगर 45 मिनट तक यह सन्देश फ्लैश होता रहता है और कोई भी बटन नहीं दबाया जाता तो 45 मिनट बाद बत्तियाँ दुबारा जलने लगती हैं और फिर भी कोई बटन नहीं दबाता तो मान लिया जाता है कि कमरे में कोई नहीं है और वह कुछ भी रिकॉर्ड नहीं करता।

हर शहर में इस प्रकार 300 से 400 मीटर लगाये जाते हैं। सभी उत्तरदाताओं के घरों में फोन करने के बाद कम्प्यूटर में पिछली रात के पूरे आँकड़े दर्ज होते हैं और एक विशेष सॉफ्टवेयर अपने आप घरों में देखे जाने वाले चैनलों और उनके समय का प्रतिशत निकाल देता है।

डायरी और मीटर से प्राप्त आँकड़ों के खरीदारों—जैसे कि टीवी चैनल मालिकों, विज्ञापन एजेंसियों और बड़े विज्ञापनदाताओं को फैक्स या ई-मेल के जरिये पिछले दिन के दर्शक आँकड़े भेज दिये जाते हैं।

इसके अतिरिक्त दर्शक अनुसन्धान के लिए 'पिक्चर' मैचिंग तकनीक का भी प्रयोग किया जाता है। इस तकनीक में 'मीटर' टीवी में देखे जा रहे हर कार्यक्रम का 'पिक्चर पोर्शन' रिकॉर्ड करता है। अर्थात् यहाँ आँकड़े दृश्य चित्र के रूप में प्राप्त होते हैं। बाद में एजेंसी इन दृश्य चित्रों का मुख्य डाटा से मिलान कर चैनल का नाम और कार्यक्रम का नाम ज्ञात करता है।

## टेलिविजन रेटिंग

डायरी और मीटर विधि से प्राप्त टेलिविजन दर्शकों के आँकड़ों से निम्नलिखित निष्कर्ष निकाले जाते हैं—

1. रेटिंग (घरों या व्यक्तियों की)
2. टेलिविजन देखने वाले परिवार
3. टारगेट ऑडियंस रेटिंग प्वाइंट्स (टीएआरपी)
4. पहुँच और बारंबारता (Reach and Frequency)
5. कार्यक्रम की रैंकिंग
6. दर्शकों की हिस्सेदारी

**रेटिंग** दर्शकों की संख्या का माप है न कि लोकप्रियता का। यदि किसी कार्यक्रम को 20 रेटिंग मिलती है तो इसका अर्थ है कि उस क्षेत्र के 20% घरों में वह कार्यक्रम देखा गया। यह औसत कार्यक्रम प्रसारण के पूरे समय में से निकाला जाता है।

**पीपुल्स रेटिंग** भी प्रतिशत है, लेकिन घरों का नहीं, बल्कि लोगों का। पीपुल्स रेटिंग जनसांख्यिकी समूहों के आधार पर भी हो सकती है जैसे—आयु समूह, लिंग समूह, व्यवसाय विशेष का समूह आदि।

**टेलिविजन देखने वाले परिवार (Households Using Television- HUT)** यह मिले-जुले अर्थात् सभी चैनलों के लिए रेटिंग है। 'हट' के अनुसार यदि रेटिंग 50 आती है तो इसका अर्थ है कि सर्वेक्षण क्षेत्र के 50% लोग टीवी देख रहे थे। यह औसत लम्बी अवधि के लिए निकाली जाती है या फिर कुछ समय विशेष के लिए।

**टार्गेट ऑडियंस रेटिंग प्वाइंट्स (TARPS) का प्रयोग** विज्ञापनदाताओं द्वारा किया जाता है और वे कार्यक्रमों की बजाय विज्ञापनों पर फोकस करते हैं।

**पहुँच (Reach)** उन लोगों का प्रतिशत होता है जो उस कार्यक्रम या विज्ञापन को एक समयावधि विशेष में देखते हैं। उदाहरण के लिए एक कार्यक्रम की पीपुल्स रेटिंग 20% है, लेकिन पहुँच 40%। इसका अर्थ है सर्वेक्षण क्षेत्र के 20% लोग औसतन इसे देख रहे थे, जबकि 40% लोगों ने इसका कुछ हिस्सा देखा।

**बारम्बारता (Frequency)** भी विज्ञापनों पर लागू होती है। इसका अर्थ है कि एक विज्ञापन कितनी बार देखा गया।

**कार्यक्रम की रैंकिंग (Programme Ranking)** ज्यादातर उन लोगों में लोकप्रिय है, जो सही मायनों में रेटिंग सिस्टम नहीं जानते, उदाहरण के लिए बहुत सारे पत्रकार। इस तरह की रैंकिंग ज्यादातर अखबारों या

पत्रिकाओं में छपती है। ऐसे शीर्षक के साथ 'चैनल 18 के 5 कार्यक्रम पिछले हफ्ते के टॉप 10 में'। इस तरह के आँकड़े भ्रामक होते हैं।

**दर्शकों की हिस्सेदारी (Audience Share)** भी भ्रामक हो सकता है। यदि किसी चैनल में दर्शकों की हिस्सेदारी 30% है तो इसका अर्थ यह नहीं कि 30% लोग इसे देखते हैं। इसका अर्थ है कि सर्वेक्षण क्षेत्र के लोगों ने अपनी टीवी देखने के 100 घंटों में 30% घंटे वह चैनल देखा।

## पाठक सर्वेक्षण (Readership Survey)

पाठक सर्वेक्षण के अन्तर्गत मुद्रित (Printed) समाचारपत्र-पत्रिकाएँ ही नहीं, बल्कि ऑनलाइन समाचार पत्र-पत्रिकाएं भी आती हैं। कोई भी प्रकाशन संस्थान निम्नलिखित जानकारियाँ लेने के उद्देश्य से पाठक सर्वेक्षण कराते हैं–

- प्रसार संख्या/ पाठक संख्या
- पाठक विवरण
- पाठकों की जीवन शैली
- विषयों की पसन्द-नापसन्द
- सामग्री पसन्द-नापसन्द
- पाठक-गैर पाठक
- उपयोग और सन्तुष्टि

**पाठक संख्या**–1960-1970 के दशक में पाठक सर्वेक्षण या अनुसन्धान समाचारपत्र-पत्रिका प्रबन्धन के लिए बहुत महत्त्वपूर्ण हो गया। जब महानगरों में इनकी प्रसार संख्या तेजी से घटने लगी, क्योंकि टेलिविजन और बाद में इंटरनेट ने अपनी पकड़ बनानी शुरू की। अपने पाठकों के बीच पकड़ बनाये रखने के लिए सम्पादकों और प्रकाशकों ने पाठक सर्वेक्षणों पर ज्यादा बल दिया, ताकि उन्हें घटती प्रसार संख्या के कारणों का पता लगे और वे उसी आधार पर सामग्री को समाचारपत्र-पत्रिकाओं में स्थान दे सकें। जनमानस के बीच कराये गये इन सर्वेक्षणों से जहाँ पाठक संख्या का पता लगाया जा सकता है, वहीं घटती प्रसार संख्या के कारणों की तह तक पहुँचा जा सकता है।

**पाठक विवरण**–इन सर्वेक्षणों से प्रबन्धन और सम्पादकीय विभाग को अपने पाठकों का जनसांख्यिक सार (Demographic Summary) प्राप्त हो जाता है कि उनके पाठकों में किस आय वर्ग के लोग शामिल हैं और अलग-अलग आय वर्ग के लोगों का क्या प्रतिशत हैं? उनकी शिक्षा का स्तर, सामाजिक स्तर, लिंग आदि की जानकारी प्राप्त करने के लिए ये पाठक सर्वेक्षण उपयोगी सिद्ध होते हैं। इस प्रकार के सर्वेक्षण से प्राप्त आँकड़ों से प्रकाशन की सामग्री, विज्ञापन और सदस्यता अभियानों को डिजाइन करने में मदद मिलती है।

**पाठकों की जीवन-शैली**–पाठक सर्वेक्षण का उद्देश्य लोगों की जीवन-शैली जानना भी है कि उनकी आमतौर पर क्या दैनन्दिन गतिविधियाँ रहती हैं, उनके शौक, रुचियाँ और स्वभाव कैसा है। प्राप्त आँकड़ों के आधार पर प्रकाशन संस्थान अपने सम्पादकीय, टार्गेट ऑडियंस और प्रसार के लक्ष्य निर्धारित करते हैं। अमरीका के 'प्यू रिसर्च सेंटर' के एक पाठक सर्वेक्षण में चौंकाने वाले तथ्य सामने आये कि 2006 से 2008 के बीच

मुद्रित समाचारपत्र पढ़ने वालों की संख्या 34% से घटकर 25% रह गयी, जबकि इसी अवधि में ऑनलाइन समाचारपत्र पढ़ने वालों की संख्या 5% से बढ़कर 9% हो गयी। यह भी सामने आया कि उम्रदराज लोगों ने समाचारपत्र पढ़ना कम किया और युवा, बेहतर शिक्षित और आर्थिक रूप से सम्पन्न लोगों का रुझान ऑनलाइन समाचारपत्रों की तरफ बढ़ा। यह रुझान देखते हुए प्रकाशन संस्थानों ने अपना ध्यान ऑनलाइन समाचारपत्रों की तरफ देना शुरू किया। इसी प्रकार पत्रिकाओं ने भी अपने ऑनलाइन संस्करण भी प्रकाशित करने शुरू किये और कुछ तो मुद्रित संस्करण बन्द कर सिर्फ ऑनलाइन ही निकालने लगे। यह लोगों की जीवन शैली के अध्ययन के कारण हुआ।

**विषयों की पसन्द-नापन्सद**—समाचार-पत्रों में विषय-सामग्री के चुनाव के लिए पाठकों की विषयों के बारे में पसन्द-नापसन्द जानना आवश्यक हो गया है और यह जानकारी पाठक सर्वेक्षणों के माध्यम से बहुत आसानी से मिल जाती है। इसके माध्यम से यह पता चल जाता है कि कौन-सा पाठक कौन-सी सामग्री पढ़ना पसन्द करता है। ऐसे ही एक सर्वेक्षण में यह तथ्य सामने आया कि बच्चों और बड़ों की पढ़ने की आदतें और सामग्री के बारे में पसन्द-नापसन्द एकदम अलग है। किशोरों के बीच सबसे ज्यादा लोकप्रिय सामग्री में है कॉमिक्स, खेल, मनोरंजन, खाने-पीने आदि से सम्बन्धित विषय। एक अन्य सर्वेक्षण में पाया गया कि पुरुष पाठक सबसे ज्यादा मुख्य फिर स्थानीय समाचारों में रुचि लेते हैं। इस क्रम में फैशन से सम्बन्धित समाचार सबसे अन्त में आते हैं।

**पाठक-गैर-पाठक अध्ययन**—इस प्रकार के सर्वेक्षणों से प्रकाशन संस्थान यह जानकारी लेना चाहते हैं कि सामान्य समाचारपत्र-पत्रिकाओं के पाठकों में उनके प्रकाशन के पाठक कौन-से हैं और जो उनके प्रकाशन नहीं पढ़ते, वे दूसरे पत्र-पत्रिकाओं को क्यों पढ़ते हैं? ऐसे तमाम प्रश्नों के उत्तर परिणामों के रूप में एक तुलनात्मक स्थिति सामने रखते हैं और इसी आधार पर प्रकाशन संस्थान गैर पाठकों को अपने प्रकाशनों का पाठक बनाने की रणनीति तैयार करते हैं। पाठक-गैर-पाठक अध्ययन के लिए ज्यादातर टेलिफोन सर्वेक्षण को उपकरण के रूप में प्रयोग किया जाता है। जो लोग कोई भी समाचारपत्र-पत्रिका नहीं पढ़ते, उनमें पढ़ने की आदत डालने की कोशिश का आधार ऐसे अध्ययनों से प्राप्त परिणाम होते हैं।

**उपयोग और संतुष्टि अध्ययन**—अपने प्रकाशनों में छपने वाली सामग्री के बारे में जानकारी प्राप्त करने के लिए प्रकाशन संस्थान इस प्रकार के अध्ययन कराते हैं। इन अध्ययनों से यह पता लगाया जा सकता है कि वे कौन-से तत्त्व हैं जो पाठकों को समाचारपत्र पढ़ने के लिए प्रेरित करते हैं और उसे पढ़ने के क्या मनोवैज्ञानिक और सामाजिक परिणाम होते हैं। इस प्रकार के अध्ययनों में पाठकों के सामने सीधे-सीधे प्रश्न रखे जाते हैं और पूछा जाता है कि समाचारपत्र पढ़ने के पीछे इनमें से कौन-कौन से कारण हैं।

प्रश्न कुछ इस प्रकार के हो सकते हैं—

1. मैं समाचारपत्र इसलिए पढ़ता हूँ, क्योंकि यह मनोरंजक है।
2. मैं अपना समय बिताने के लिए समाचारपत्र पढ़ता हूँ।
3. मैं इसलिए समाचारपत्र पढ़ता हूँ ताकि अपने आसपास हो रही घटनाओं से अवगत रहूँ।
4. मैं सुकून और तनाव-रहित होने के कारण समाचारपत्र पढ़ता हूँ।
5. मैं इसलिए समाचारपत्र पढ़ता हूँ ताकि यह जान सकूँ कि लोग उन चीजों के बारे में क्या कह रहे हैं जो मेरे लिए महत्त्वपूर्ण हैं।

6. समाचारपत्र मुझे स्मार्ट बनाते हैं।
7. मेरे मन को छू जाते हैं और प्रेरित करते हैं।

पाठक सर्वेक्षणों के माध्यम से प्रकाशक पाठकों से प्रकाशन के बारे में संवाद स्थापित करते हैं। एक प्रकाशन संस्थान निम्नलिखित बातें जानने के लिए सर्वेक्षण कराता है—

- प्रसार संख्या कम क्यों हो रही है?
- उनके प्रारूप के बारे में पाठक क्या सोचते हैं?
- पाठक इसमें क्या बदलाव चाहते हैं?
- पाठकों के लिए कौन-से विषय ज्यादा महत्त्व के हैं?
- सम्भावित विज्ञापनदाता को कैसे प्रभावित किया जा सकता है?

**पाठक सर्वेक्षण के लिए अपनायी जाने वाली विधियाँ**

| केन्द्रित समूह (Focused Group) | मेल सर्वेक्षण (Mail Survey) | टेलिफोन सर्वेक्षण (Telephone Survey) | पत्रिका सर्वेक्षण (In-Magazine Survey) |
|---|---|---|---|

**चित्र 8.2 : पाठक सर्वेक्षण के लिए अपनायी जाने वाली विधियाँ**

**केन्द्रित समूह** : पाठकों का मत जानने और गहराई से अध्ययन करने के लिए केन्द्रित समूह एक उत्तम विधि है। इसमें विभिन्न समूहों में पाठकों से आमतौर पर सामग्री और साज-सज्जा आदि के बारे में प्रश्न पूछे जाते हैं। इसमें अधिकर गुणात्मक परिणाम सामने आते हैं।

**मेल सर्वेक्षण**—मेल सर्वेक्षण में उत्तरदाता आमतौर पर चुने हुए विशेष वर्ग या श्रेणियों के होते हैं। इसमें जिन लोगों से शोधकर्त्ता उत्तर चाहता है, उसे प्रश्नावली मेल द्वारा भेज देता है। मेल सर्वेक्षण के परिणाम सामान्यतः अन्य विधियों की अपेक्षा अधिक वैज्ञानिक तरीके से सामने आते हैं। ये अधिक प्रामाणिक माने जाते हैं।

**टेलिफोन सर्वेक्षण**—टेलिफोन सर्वेक्षण भी केन्द्रित समूह और मेल सर्वेक्षण का एक विकल्प हो सकता है। उत्तरदाताओं में वे लोग हो सकते हैं जो वर्तमान में उस प्रकाशन के पाठक हैं और वे भी जो पाठक नहीं है। टेलिफोन सर्वेक्षण बहुत परिश्रम का काम होने के साथ-साथ महँगा भी है और कभी ये मात्रात्मक आँकड़े भी प्रस्तुत नहीं कर पाता।

**पत्रिका-सर्वेक्षण**—यह विधि अपेक्षाकृत कम खर्चीली है और इसके जरिये पाठकों तक आसानी से पहुँचा जा सकता है। किन्तु इसमें एक कमी यह है कि लोगों के उत्तरों की औसत दर कम होती है और आँकड़े पूरे पाठक वर्ग का प्रतिनिधित्व नहीं करते। यह विधि किसी विषय विशेष में पाठकों की रुचि पैदा करने के लिए बहुत उपयोगी है। इस विधि के द्वारा समाचरपत्र या पत्रिका में एक अलग पृष्ठ पर या बॉक्स में अलग स्थान पर एक प्रश्नावली प्रकाशित की जाती है और पाठकों से उत्तर मँगाये जाते हैं, उसके बाद परिणाम भी प्रकाशित किये जाते हैं, इसके आधार पर आगामी अंकों या विशेषांकों के लिए सामग्री तय की जाती है।

## जनमत सर्वेक्षण (Opinion Poll)

आमतौर पर माना जाता है कि जनमत सर्वेक्षण चुनाव में विभिन्न राजनीतिक दलों की जीत-हार का आकलन करने और भविष्यवाणी करने के लिए कराये जाते हैं। लेकिन ऐसा नहीं है। अन्य क्षेत्रों में जनता की राय जानने के लिए भी जनमत सर्वेक्षण कराये जाते हैं। जनमत सर्वेक्षण मीडिया और संचार शोध का एक महत्त्वपूर्ण आयाम है। किसी समाचार चैनल या समाचार पत्र की लोकप्रियता जानने या किसी विषय पर लोगों की राय जानने के लिए भी जनमत सर्वेक्षण कराये जाते हैं। सामान्यतः जनमत सर्वेक्षण के लिए फील्ड सर्वे, टेलिफोन सर्वे और प्रत्यक्ष साक्षात्कार विधि का प्रयोग किया जाता है।

जनमत सर्वेक्षण का पहला उदाहरण 1824 में अमरीका में मिलता है, जब राष्ट्रपति चुनावों के लिए स्थानीय स्तर पर हैरिसबर्ग पैंसिलवानियन ने जनमत सर्वेक्षण कराया था, जिसमें एंड्रयू जैक्सन को जॉन क्विंसी एडम्स से आगे दिखाया गया था। सर्वेक्षण के आधार पर भविष्यवाणी सही सिद्ध हुई। चुनावों में एंड्रयू जैक्सन की जीत हुई और जनमत सर्वेक्षणों की लोकप्रियता बढ़ती गयी। 1916 में 'लिटरेरी डायजेस्ट' द्वारा राष्ट्रीय स्तर पर जनमत सर्वेक्षण कराया गया और भविष्यवाणी सही सिद्ध हुई। वूड्रो विल्सन अमरीका के राष्ट्रपति बने। फिर तो 'डायजेस्ट' की जनमत सर्वेक्षण के आधार पर की गयी भविष्यवाणियाँ 1920, 1924, 1929 में राष्ट्रपति चुनावों के सन्दर्भ में सही सिद्ध हुई। 1932 में फ्रैंकलिन रुजवेल्ट की जीत की घोषणा 'डायजेस्ट' ने पहले ही कर दी थी।

### जनमत सर्वेक्षण के प्रकार

जनमत सर्वेक्षण विभिन्न प्रकार के होते हैं और अलग-अलग समय और स्थितियों के अनुसार इनके नाम तय किये गये हैं–

1. बेंचमार्क
2. ट्रैकिंग
3. ब्रुशफायर

1. **बेंचमार्क**–बेंचमार्क सर्वेक्षण किसी भी अभियान में किया गया पहला जनमत सर्वेक्षण है। यह सम्भावित मतदाताओं का संक्षिप्त और सामान्य सर्वेक्षण है। यह अक्सर किसी प्रत्याशी के नाम की घोषणा से पहले अथवा नाम की घोषणा के तुरन्त बाद कराया जाने वाला सर्वेक्षण है। बेंचमार्क सर्वेक्षण कराने के पीछे कई उद्देश्य होते हैं।

(क) असली चुनाव-प्रचार अभियान शुरू होने से पहले यह ज्ञात करना कि लोगों के बीच प्रत्याशी की छवि कैसी है। यदि नाम घोषणा से पहले यह सर्वेक्षण कराया जाता है तो परिणामों के आधार पर प्रत्याशी या दल यह तय कर सकता है कि उसे चुनाव लड़ना चाहिए या नहीं।

(ख) इससे पता चल जाता है कि प्रत्याशी या दल की कमजोरी या शक्ति क्या है?

(ग) यह जानना कि कौन-से मतदाता निश्चित रूप से आपके पक्ष में, कौन से विरुद्ध, और कौन से इन दोनों ध्रुवों के बीच में हैं?

(घ) इससे यह समझ विकसित होती है कि चुनाव-प्रचार में किस प्रकार के सन्देश और नारे प्रभावी होंगे।

2. **ट्रैकिंग**–प्रचार अभियान के दौरान प्रगति की दर जानने के लिए ये सर्वेक्षण नियमित अन्तराल पर कराये जाते हैं, सामान्यतः साप्ताहिक। चूँकि इसके जरिये प्रचार अभियान की प्रगति पर निरन्तर नजर रखी जाती है अर्थात् 'ट्रैक' किया जाता है, इसलिए इन्हें ट्रैकिंग सर्वेक्षण कहा जाता है। इससे मतदाताओं के बदलते रुझान

को जानने की कोशिश की जाती है अर्थात् अपने पक्ष में मतदाताओं का रुझान बढ़ रहा है या घट रहा है।

3. **ब्रुशफायर**—ब्रुशफायर सर्वेक्षण बहुत उपयोगी होता है। इससे पता लगता है कि चुनावी दौड़ में प्रत्याशी की स्थिति क्या है? और चुनाव जीतने के लिए प्रचार में और कितना धन खर्च करना होगा। इसका उद्देश्य यह जानना होता है कि प्रत्याशी ने किन मतदाताओं के बीच कितनी बढ़त बनायी है और कहाँ वह पीछे है। ये चुनाव सन्देशों के प्रभाव का आकलन करने के लिए भी उपयोगी होते हैं। इनमें सकारात्मक और नकारात्मक दोनों प्रभावों को देखा जाता है। कौन-सा सन्देश किस प्रकार के मतदाताओं के लिए प्रभावी है और किसे बन्द कर देना चाहिए। विरोधी पक्ष पर हमले के लिए किस प्रकार के सन्देश तैयार करने चाहिए या विरोधी पक्ष किस प्रकार के सन्देश जारी कर सकता है। इन सर्वेक्षणों का प्रयोग चुनाव में सम्भावित मतदाताओं को अपने पक्ष में मोड़ने के लिए बहुत उपयोगी होता है।

सभी प्रमुख टेलिविजन नेटवर्क, बड़े समाचारपत्र-पत्रिका समूह और स्वतन्त्र शोध एजेंसियाँ इस प्रकार के सर्वेक्षण कराते हैं।

## एग्जिट पोल (Exit poll)

एग्जिट पोल वह सर्वेक्षण है, जिसमें मतदान केन्द्र से निकलने के तुरन्त बाद मतदाता से उसकी राय पूछी जाती है कि उसने किसको और क्यों वोट दिया। इसी प्रकार का सर्वेक्षण मतदान केन्द्र में प्रवेश से पहले मतदाताओं के बीच किया जाता है, इसे एंट्रेस पोल कहा जाता है।

एक डच समाजशास्त्री और पूर्व राजनेता मार्सल वैन डैम को एग्जिट पोल के अविष्कार का श्रेय दिया जाता है। 15 फरवरी, 1967 में डच कार्यपालिका के चुनावों में उन्होंने इस विधि को पहली बार कार्य-रूप दिया था।

चूँकि चुनाव-परिणाम आने में कुछ समय लगता है, इसलिए रुझान जानने के लिए विश्व भर में एग्जिट पोल का प्रयोग किया जाता है।

अन्य तमाम जनमत सर्वेक्षणों की तरह एग्जिट पोल में भी त्रुटियों की सम्भावना बनी रहती है, क्योंकि कई बार मतदाता अपनी असली राय नहीं बताते। कई बार वे कुछ भी राय देने को तैयार नहीं होते और कई बार साक्षात्कारकर्त्ता अपनी सुविधा के अनुसार छोटा नमूना या गलत नमूना लेता है।

## सन्दर्भ


- Roger D. Wimmer, Joseph R. Dominick (2012), Mass Media Resarch : An Introduction (9th Edition), New Delhi Cengage Learning
- Prof. S.R. Bajpai (1960), Methods of Social Survey and Resarch, Kitab Ghar, Kanpur
- Prof (Dr) Devesh Kishore (2013). Handbook of Communication Research, Makhanlal Chaturvedi National University of Journalism, Bhopal
- D. Aaaker, V. Kumar & G. Day (2004), Marketing Research, Wiley, New Delhi.
- H.M.Beville (1988), Audience Ratings: Radio, Television, Cable (Revised Edition) Hillsdale, Lawrence Erlbaum, N.J.
- www.wimmerdominick.com
- www.cengage.com/mass comn/ wimmer/ media research a c

## अध्याय-9

# मीडिया शोध संस्थाएँ
# Media Research Agencies

मीडिया और संचार-शोध की उपयोगिता और लोकप्रियता के कारण अनेक निजी स्वतन्त्र संस्थाएँ इस क्षेत्र में महत्त्वपूर्ण कार्य कर रही हैं और उन्होंने अपना विशेष स्थान बनाया है। इस अध्याय में हम इनमें से कुछ प्रमुख संस्थाओं की विस्तार से चर्चा करेंगे।

## इंडियन रीडरशिप सर्वे (IRS)

इंडियन रीडरशिप सर्वे निरन्तर चलने वाला दुनिया का सबसे बड़ा पाठक अनुसन्धान माना जाता है, जिसके नमूने का आकार 2.56 (2,56,000) लाख उत्तरदाता हैं। यह सर्वेक्षण अपने आँकड़ों के माध्यम से कई प्रकार की सूचनाएँ उपलब्ध कराता है, जिनमें मुख्य रूप से ग्राहकों और विभिन्न उत्पादों के बारे में जानकारी, जैसे कारें, घरेलू उपयोग के उपकरण, फ्रिज-टीवी, वाशिंग मशीन, एयरकंडीशनर जैसे बड़े सामान और हाउस होल्ड केयर और पर्सनल केयर प्रॉडक्ट्स, खाद्य वस्तुएँ, फाइनेंस और मीडिया उपयोग सम्बन्धी सूचनाएँ शामिल होती हैं। इंडियन रीडरशिप सर्वे सिर्फ पाठक सर्वेक्षण तक ही सीमित नहीं है, अपितु यह पूरे भारत में पाठक और उपभोक्ता शोध का पर्याय बन गया है। इस सर्वेक्षण में 100 से ज्यादा उत्पाद श्रेणियों और मीडिया सम्बन्धी सूचनाएँ पाठकों से संग्रहीत की जाती हैं। इंडियन रीडरशिप सर्वे मीडिया रिसर्च यूजर्स काउंसिल (MRUC) हंसा रिसर्च और रीडरशिप स्टडीज काउंसिल ऑफ इंडिया (RSCI) द्वारा कराया जाता है। मीडिया और उत्पादों के प्रयोग की जानकारी लेने के लिए इंडियन रीडरशिप सर्वे एकमात्र स्रोत है। 1997 से यह मीडिया और मार्केटिंग क्षेत्र के लोगों को सूचनाएँ उपलब्ध कराता रहा है।

मीडिया उद्योग में मानक तय करने, अन्य मापक स्थापित करने और मीडिया व अन्य उत्पादों के उपभोग और उपभोक्ता व्यवहार का गहन अध्ययन करने के उद्देश्य से 1995 में इंडियन रीडरशिप सर्वे की शुरुआत हुई थी। 1995-96 में भारत के 23 महानगरों की रिपोर्ट जारी की गयी थी, बाद में अखिल भारतीय स्तर की रिपोर्ट जारी की गयी, जिसमें ग्रामीण और शहरी उपभोक्ताओं का सर्वे शामिल था। साथ-ही-साथ एक सॉफ्टवेयर भी विकसित किया गया, जिससे न केवल आँकड़ों का ज्यादा से ज्यादा प्रयोग किया जा सके, बल्कि बहुआयामी स्तर पर विभिन्न मीडिया स्रोतों का समान धरातल पर आकलन भी किया जा सके। धीरे-धीरे इंडियन रीडरशिप सर्वे देश का सबसे प्रगतिशील शोध सिद्ध हुआ, जो मीडिया सम्बन्धी आँकड़े, भारतीय जनसांख्यिकी, भारतीय बाजार और उत्पाद विवरण, टेलिकॉम रिपोर्ट, टीवी रिपोर्ट सम्बन्धी सूचनाएँ उपलब्ध कराता है। इन आँकड़ों का

प्रयोग सामाजिक-सांस्कृतिक विश्लेषण में भी किया जाने लगा है।

इंडियन रीडरशिप सर्वे में लगभग 70 भारतीय शहरों, 1178 कस्बों और 2,894 गाँवों को शामिल किया जाता है। इस सर्वेक्षण का यूनिवर्स भारत के ग्रामीण और शहरी इलाकों में रहने वाले 12 साल और उससे अधिक आयु के लोग हैं।

इसमें प्रतिवर्ष 2,56,000 (ढाई लाख से ज्यादा) नमूना एकत्र किया जाता है और नमूना संग्रह का काम साल के दस महीने चलता है। इसमें शहरों, कस्बों और जिलों में प्रकाशित होने वाले सभी समाचार-पत्र-पत्रिकाओं को शामिल किया जाता है। नमूना रैंडम विधि से लिया जाता है।

## नेशनल रीडरशिप सर्वे (NRS)

नेशनल रीडरशिप सर्वे मीडिया, विशेष रूप से मुद्रित समाचारपत्र-पत्रिकाओं का सर्वेक्षण है, जिसे नेशनल रीडरशिप सर्वे काउंसिल (NRSC) कराती है। इस काउंसिल में इंडियन न्यूज पेपर्स सोसाइटी, एडवर्टाइजिंग एसोसिएशन ऑफ इंडिया और ऑडिट ब्यूरो ऑफ सर्कुलेशन के सदस्य होते हैं। ऑटिट ब्यूरो ऑफ सर्कुलेशन किसी भी प्रकाशन की छमाही बिक्री का ऑडिट करती है। लेकिन इससे उसकी पाठक संख्या का अनुमान लगाना सम्भव नहीं होता, क्योंकि प्रकाशन की प्रत्येक प्रति एक से ज्यादा लोगों द्वारा पढ़ी जाती है, और कितने लोगों द्वारा पढ़ी जाती है, यह उसकी लोकप्रियता पर निर्भर करता है। यह आँकड़ा राष्ट्रीय पाठक सर्वेक्षण द्वारा प्रस्तुत किया जाता है।

राष्ट्रीय पाठक सर्वेक्षण अखिल भारतीय स्तर पर होता है, इसमें शहरी और ग्रामीण क्षेत्र शामिल होते है। छोटे नगरों को सामाजिक-सांस्कृतिक आधार पर रिपोर्ट किया जाता है। इसमें भाषा, भौगोलिक, आर्थिक और वित्तीय, प्रशासन, संस्कृति, जाति, वर्ग और प्रादेशिकता को पैमाना माना जाता है।

इसमें जनसांख्यिकी के आधार पर मीडिया के विभिन्न स्रोतों की पहुँच के बारे में आँकड़े संग्रहीत किये जाते हैं। यही नहीं, राष्ट्रीय पाठक सर्वेक्षण के आँकड़े मीडिया के दोहराव और एक ही मीडिया के विभिन्न वाहनों के बारे में जानकारी देते हैं। प्रकाशनों के बारे में उनके पाठकों की संख्या, उनका जनसांख्यिकी विवरण जैसे-लिंग, आयु, आय, सामाजिक आय वर्ग, व्यवसाय, भौगोलिक स्थिति, पाठकों के फैलाव, रहन-सहन, जैसे कि वे कौन-कौन से उत्पादों का प्रयोग करते हैं और कितना प्रयोग करते हैं, आदि की जानकारी प्राप्त की जा सकती है।

कोई भी विज्ञापनदाता किसी प्रकाशन की सिर्फ प्रसार संख्या के आँकड़ों पर निर्भर नहीं रह सकता, उसके आधार पर अपना मीडिया बजट सुनिश्चित नहीं करता। उसे प्रत्येक प्रकाशन के पाठकों की गुणवत्ता की जानकारी चाहिए। राष्ट्रीय पाठक सर्वेक्षण जैसे अध्ययन न केवल पाठक-संख्या का विवरण देते हैं, बल्कि पाठकों की गुणवत्ता की जानकारी भी देते हैं।

भारत में पहला राष्ट्रीय पाठक सर्वेक्षण 1970 में इंडियन सोसाइटी ऑफ एडवरटाइजर्स और एडवरटाइजिंग एजेंसीज एसोसिएशन द्वारा कराया गया था। प्रारम्भ में राष्ट्रीय पाठक सर्वेक्षण 5-8 वर्षों के अन्तराल पर कराया जाता था। 1995 में देश की तीन प्रमुख संस्थाओं-ऑडिट ब्यूरो ऑफ सर्कुलेशन, एडवरटाइजिंग एजेंसीज एसोसिएशन ऑफ इंडिया और इंडियन न्यूजपेपर्स सोसाइटी ने मिलकर नेशनल रीडरशिप स्टडीज काउंसिल

की स्थापना की थी। काउंसिल की स्थापना के बाद राष्ट्रीय पाठक सर्वेक्षण नियमित रूप से 1 से 2 साल के अन्तराल पर होने लगा। राष्ट्रीय पाठक सर्वेक्षण में 22 भाषाओं वाले 35 राज्यों और केन्द्र शासित प्रदेशों के 593 जिलों में फैले लगभग सवा लाख (1,28000) उत्तरदाताओं से आँकड़े लिये जाते हैं, और इस प्रकार देश भर में 10,000 से ज्यादा प्रकाशनों के बारे में सूचनाएँ संग्रहीत की जाती हैं।

## नील्सन मीडिया रिसर्च

नील्सन मीडिया रिसर्च अमरीका की नील्सन कारपोरेशन की सहयोगी कम्पनी है। नील्सन कारपोरेशन को ए.सी. नील्सन के नाम से भी जाना जाता है। इसका मुख्यालय न्यूयॉर्क में है। स्थानीय मुख्यालय अमरीका के शिकागो और इलिनोयस में है। 1923 में अमरीका के शिकागो शहर में अर्थर चार्ल्स नील्सन ने बाजार को विपणन और बिक्री के प्रभाव रो राम्बन्धित रूचनाएँ उपलब्ध कराने के उद्देश्य से एक कम्पनी की शुरुआत की। 1939 में ए.सी. नील्सन ने अन्तरराष्ट्रीय पहचान बनानी शुरू की। आज यह कम्पनी 100 से ज्यादा देशों में अपना कार्य कर रही है।

ए.सी. नील्सन को सबसे ज्यादा नील्सन रेटिंग के लिए जाना जाता है, जो कि दर्शकों को मापने का एक तरीका है। इसके अन्तर्गत टेलिविजन, रेडियो और समाचारपत्रों के उपभोक्ताओं से सम्बन्धित जानकारी दी जाती है। 1996 में ए.सी. नील्सन ने कम्पनी के भाग को पूरी तरह अलग कर दिया और इसे नया नाम 'नील्सन मीडिया रिसर्च' दे दिया, जो कि अपने क्षेत्र में स्वतन्त्र रूप से कार्य कर रही थी। 1999 में इसे एक डच कम्पनी समूह वी एन यू ने खरीद लिया और 2007 में इसे नया नाम दिया नील्सन कम्पनी।

नील्सन रेटिंग के दर्शक मापक तन्त्र (Audience Measurement System) के निष्कर्ष वर्षों तक किसी टेलिविजन कार्यक्रम के रद्द होने, उसके नवीनीकरण का आधार बने रहे। नील्सन टीवी रेटिंग की शुरुआत अमरीका में 1950 में हुई, जिसमें सांख्यिकी आँकड़ों के आधार पर बताया जाता रहा है कि कौन-से कार्यक्रम जनसंख्या के कौन-से हिस्से द्वारा देखे जाते हैं। नील्सन ने टीवी रेटिंग के लिए ऑडियो, मीटर डायरी विधि का प्रयोग किया, जो कि बारी-बारी से अलग-अलग घरों को दिये जाते रहे। 1980 में नील्सन ने नील्सन होम वीडियो इन्डेक्स (NHI) शुरू किया, जिसके जरिये केबल, पे केबल और वीसीआर दर्शकों के आँकड़े उपलबध कराये जाने लगे। नील्सन होम वीडियो 1982 में इन दर्शकों को प्रतिदिन की रेटिंग उपलब्ध कराने लगा।

नील्सन के ऑटोमेटेड लोकल पीपुल्स मीटर तकनीक की शुरुआत न्यूयॉर्क और लॉसएंजेल्स में हुई। इन लोकल पीपुल्स मीटर से रेटिंग तकनीक में डायरी और मीटर विधि के मुकाबले काफी सुधार हुआ।

नील्सन मीडिया रिसर्च, नील्सन नेट रेटिंग की सहयोगी कम्पनी होने के नाते इंटरनेट और डिजिटल मीडिया के दर्शकों के आँकड़े भी उपलब्ध कराती है। इसके लिए इंटरनेट, टेलिफोन सर्वेक्षण विधि का प्रयोग किया जाता है। नील्सन बजमेट्रिक कंज्यूमर जेनरेटेड मीडिया के आँकड़े उपलब्ध कराता है। हाल ही में नील्सन मीडिया रिसर्च ने एर2 एम2 (A2M2) प्रोजेक्ट शुरू किया है जो किसी दर्शक द्वारा घर या बाहर देखे जाने वाले टीवी से सम्बन्धित आँकड़े प्रस्तुत करता है। इससे पहले सिर्फ घर में ही टीवी देखने के आँकड़े उपलब्ध हो सकते थे, लेकिन एर2एम2 प्रोजेक्ट के जरिये घर से बाहर टीवी देखने की सूचना भी मिल जाती है। नील्सन नेशनल रिसर्च ग्रुप के जरिये फिल्म उद्योग के लिए भी मार्केट रिसर्च करता है। सामान्यतः नील्सन मीडिया रिसर्च के आँकड़े

बहुत विश्वसनीय माने जाते हैं, इसके पीछे कारण है, इसका विस्तृत नेटवर्क और नवीनतम शोध तकनीक का प्रयोग।

## ओआरजी- मार्ग (ORG-MARG)

ओआरजी मार्ग मूल रूप से मार्केट रिसर्च कम्पनी है, जो किसी भी उत्पाद के बारे में सूचनाएँ देकर ग्राहकों को कोई भी निर्णय लेने में मदद करती है। इसका विस्तार भारत सहित दक्षिण एशिया के सभी देशों में है। इसमें हजारों कर्मचारी कार्य करते हैं, जो भारत, बांग्लादेश, नेपाल और श्रीलंका में अपनी सेवाएँ प्रदान करते हैं। पूरे दक्षिण एशिया में बाजार अनुसन्धान में जुटे कुल कर्मचारियों में आधे ओआरजी मार्ग के हैं।

एक समय में ओआरजी मार्ग, एसी नील्सन नेटवर्क का हिस्सा थी। लेकिन जब अन्तरराष्ट्रीय इन्फोर्मेशन रिसर्च कम्पनी वीएनयू ने नील्सन को खरीद लिया तो ओआरजी भी वीएनयू का हिस्सा बन गयी। इस समय ओआरजी पर 96% मालिकाना हक वीएनयू का है। इस अनुसन्धान कम्पनी का मुख्य कार्यक्षेत्र उपभोक्ता व्यवहार, मनोरंजन और मीडिया सम्बन्धी सूचनाएँ उपलब्ध कराना है। ओआरजी-मार्ग आवश्यकतानुसार बाजार सर्वेक्षण कराकर सूचनाएँ उपलब्ध कराता है। मीडिया और मनोरंजन उद्योग के क्षेत्र में शोध आधारित सूचनाएँ प्रदान करने में ओआरजी मार्ग का महत्त्वपूर्ण स्थान है।

## सी.एस.डी.एस. (सेंटर फॉर द स्टडी ऑफ डवलपिंग सोसाइटीज)

सेंटर फॉर द स्टडी ऑफ डवलपिंग सोसाइटीज (सीएसडीएस) एशिया के प्रमुख शोध संस्थानों में है। 1963 में स्थापित यह शोध केन्द्र आज शोध की गुणवत्ता, विविधता और शोध क्षेत्र में अपने योगदान के लिए राष्ट्रीय, अन्तरराष्ट्रीय पहचान बना चुका है। इसने सैद्धान्तिक और व्यावहारिक शोध करते हुए लोकतान्त्रिक, राजनीतिक, ज्ञान और संस्कृति, हिंसा, पुरातनता और विविधता को नये दृष्टिकोण से देखने की समझ पैदा की है। चीन और पूर्व एशिया पर इसने स्वतन्त्र रूप से शोध कार्यक्रम शुरू किये। सूचना प्रौद्योगिकी, मीडिया के व्यवहार आदि के परिणामों को जानने के लिए सीएसडीएस ने सराय (SARAI) कार्यक्रम शुरू किया, जिसके अन्तर्गत केन्द्र और सेमिनार, सम्मेलन और कार्यशालाओं का आयोजन किया जाता है। सन् 2000 में सराय ने मीडिया, शहरी जीवन और पब्लिक डोमेन जैसे मुद्दों पर कार्य शुरू किया। शहरीकरण, मीडिया जीवन और सूचना-प्रौद्योगिकी के मुद्दों पर सीएसडीएस के 'सराय' कार्यक्रम ने विद्वानों और विशेषज्ञों को एक मंच पर एकत्र कर जोड़ा।

स्थापना की शुरुआत से ही सीएसडीएस ने लोकतान्त्रिक राजनीति के अनेक मुद्दों पर बल दिया- जैसे भारतीय चुनावी राजनीति, दलीय राजनीतिक व्यवस्था, अधिकार, न्याय और विकास में राजनीतिक संस्थाओं की भूमिका। इन अध्ययनों से कई तरह के विकल्प राजनीतिक सामने आये।

## सी-वोटर (सेंटर फॉर वोटिंग ओपीनियन एंड ट्रेन्ड्स इन इलेक्शन रिसर्च)

सी-वोटर, वाई आर डी मीडिया नेटवर्क की एक प्रमुख इकाई है। इसे दक्षिण एशिया की भारतीय स्वामित्व वाली प्रमुख रिसर्च एजेंसी के रूप में जाना जाता है। सी-वोटर का कार्यक्षेत्र दुनिया के 30 देशों में फैला हुआ है। इसकी के.पी.ओ. (नॉलेज प्रोसेस आउटसोर्सिंग) शाखा को इन्फोसर्व के नाम से जाना जाता है।

सी-वोटर की शुरुआत आम आदमी और राजनीति के बीच एक मिलन बिन्दु के पहल के रूप में हुई थी। स्थापना के एक दशक बाद सी-वोटर की गिनती न केवल देश के अग्रणी चुनाव आकलन (Psephology) समूहों में होने लगी, बल्कि सामाजिक, बाजार और मीडिया शोध में भी इसने अपनी विशेष पहचान बनायी।

सी-वोटर अपने शोध कार्यों को विशेषज्ञों के एक दल की सहायता से अंजाम देता है। इन विशेषज्ञों में आँकड़ा संग्रह के लिए फील्ड प्रेक्षक, आँकड़ों का विश्लेषण करने वाले आकलनकर्त्ता, रिपोर्ट लेखक, योजनाकार आदि शामिल हैं। सी-वोटर ने गुणात्मक और मात्रात्मक-दोनों प्रकार के शोध किये हैं। सी-वोटर कम्पनी प्रतिवर्ष लगभग 25 राष्ट्रीय और अन्तरराष्ट्रीय शोध-परियोजनाओं को कार्यरूप देती है। जब से समाचार की दुनिया में बड़े-बड़े मीडिया समूहों ने प्रवेश किया है, तभी से सी-वोटर बड़े समाचार चैनलों जैसे—आज तक, स्टार न्यूज, ज़ी-न्यूज, ज़ी बिजनेस, बी.बी.सी, रॉयटर, एशियानेट आदि के साथ मिलकर समाचार विश्लेषण, विशेष रूप से चुनाव समाचार विश्लेषण का कार्य करता रहा है।

देश की सभी महत्त्वपूर्ण पत्र-पत्रिकाओं जैसे— इंडिया टुडे, द वीक, द हिन्दुस्तान टाइम्स, टाइम्स ऑफ इंडिया, इंडियन एक्सप्रेस, दैनिक जागरण, मलयाला मनोरमा, अमृत बाजार पत्रिका आदि ने सी-वोटर की स्टेक होल्डर शोध, जनमत सर्वेक्षण, राजनीतिक विश्लेषण और सामाजिक-आर्थिक शोधों को प्रमुखता से छापा है।

## सन्दर्भ


- Roger D. Wimmer, Joseph R. Dominick (2012), Mass Media Research : An Introduction (9th Edition), Cengage Learning, New Delhi
- en.wikipedia.org/wiki/Indian_Readership p-Survey
- www.nationalreadershipsurvey.co.uk
- www.nielsen.com
- www.marg.org.in
- www.ngo-marg.org
- www.csds.in
- www.csdsinc.com
- www.teamcvoter.com

## अध्याय-10

# मीडिया शोध और पत्रकारिता
# Media Research and Journalism

## मीडिया शोध : रिपोर्टिंग का उपकरण

शोध और पत्रकारिता का सम्बन्ध बहुत पुराना है। कोई भी समाचार शोध-प्रक्रिया के बिना लिखा नहीं जाता। यह बात अलग है कि पत्रकारिता में शोध की वैज्ञानिक प्रक्रिया का पालन करने की परम्परा नहीं है। इसका एक प्रमुख कारण है समयबद्धता अर्थात् पत्रकारिता की भाषा में 'डेडलाइन'। वैज्ञानिक प्रक्रिया और विधियों से किया गया संचार या मीडिया शोध समय और धैर्य की माँग करता है, लेकिन 24 घंटे चलने वाले रेडियो टेलिविजन और ऑनलाइन समाचारपत्रों में समय की सीमा बहुत कम होती है। लेकिन बदलते समय में दर्शकों, श्रोताओं व पाठकों के बदले व्यवहार और माँग को देखकर मीडिया को भी समझ आने लगा कि दृश्यमान घटित से कुछ अलग हटकर दिखाया, सुनाया और पढ़ाया जाए। यही कारण है कि अब मीडिया में शोध की वैज्ञानिक प्रक्रिया और विधियाँ अपनाते हुए निष्कर्षों के आधार पर बहुत-सी ऐसी 'स्टोरी' सामने आती हैं, जो आमतौर पर घटित होती नहीं दिखाई देतीं।

मीडिया शोध का लक्ष्य मीडिया से सम्बन्धित क्षेत्रों, तथ्यों और घटनाओं के सन्दर्भ में सत्य की खोज करना है। मीडिया रिपोर्टिंग का लक्ष्य भी हर स्थिति में सत्य को खोजकर लोगों तक पहुँचाना है। जिस प्रकार मीडिया शोध में तथ्यपरकता, संतुलन और वस्तुनिष्ठता व निष्पक्षता का विशेष ध्यान रखा जाता है, उसी प्रकार रिपोर्टिंग में भी तथ्यपरकता, वस्तुनिष्ठता और निष्पक्षता का विशेष ध्यान रखा जाता है।

अब रिपोर्टिंग का अर्थ सिर्फ विशेष व्यक्तियों और घटनाओं से सम्बन्धित तथ्यों के वर्णन से नहीं है, अब सामान्य मानव समाज में घटित होते रुझानों, व्यवहारों आदि के चित्रण को भी वरीयता दी जाने लगी है। इनमें पाठक सर्वेक्षण, दर्शक-श्रोता सर्वेक्षणों के माध्यम से विभिन्न मुद्दों पर उनकी राय ली जाती है। विभिन्न सभाचार टेलिविजन चैनल और समाचारपत्र लगभग रोज ही विभिन्न मुद्दों पर पाठकों/ दर्शकों/ श्रोताओं का सर्वेक्षण करते हैं। एक, दो या चार-पाँच प्रश्न उनके सामने रखे जाते हैं और मोबाइल फोन व ई-मेल आदि के माध्यम से उनकी राय माँगी जाती है। प्राप्त सन्देशों का विश्लेषण कर एक निष्कर्ष समाचार के रूप में प्रस्तुत किया जाता है। चुनावों के दौरान, किसी मैच आदि के दौरान ऐसे सर्वेक्षणों के आधार पर समाचार खूब प्रकाशित/ प्रसारित होते हैं। इन सर्वेक्षणों में मीडिया शोध की विभिन्न विधियों और उपकरणों का प्रयोग किया जाता है।

कम्प्यूटर और इंटरनेट ने पाठकों से आँकड़ों के संकलन, विश्लेषण, सारणीयन (Tabulation) और निष्कर्षों

का ग्राफों आदि में प्रस्तुतीकरण बहुत सरल और त्वरित बना दिया है। 2014 में भारत में लोकसभा चुनावों के दौरान मीडिया शोध रिपोर्टिंग का एक महत्त्वपूर्ण उपकरण बनकर उभरा और उसने चुनाव परिणामों में विशेष भूमिका निभायी। लगभग सभी मीडिया समूहों ने शोध एजेंसियों के साथ मिलकर या स्वतन्त्र रूप से जनमत सर्वेक्षण कराये और निष्कर्षों का प्रकाशन और प्रसारण किया।

इस सन्दर्भ में सुविख्यात अमरीकी पत्रकार और मीडिया शिक्षाशास्त्री फिलिप मेयर की चर्चा करना अनिवार्य है, जो स्वयं पत्रकार रहे और बाद में मीडिया अध्यापन क्षेत्र में आ गये। 70 के दशक में उन्होंने समाज-शास्त्र की विधियों का प्रयोग पत्रकारिता में करने की बात सोची ताकि संवाददाता उपलब्ध आँकड़ों का प्रयोग सम्बन्धित विषयों में कर सकें। अपनी पुस्तक 'प्रिसीजन जर्नलिज्म' में उन्होंने नमूना-विधि और सामग्री विश्लेषण को पत्रकारिता का महत्त्वपूर्ण उपकरण बताया और स्वयं सक्रिय पत्रकारिता के दौरान इसका प्रयोग 'यू.एस.ए. टुडे', 'डेट्रॉयट फ्री प्रेस' आदि में किया। हाल ही में इस विषय पर प्रकाशित अपनी पुस्तक 'पेपर रूट : फाइंडिंग माई वे टु प्रिसीजन जर्नलिज्म' में उन्होंने अपने पत्रकारिता कॅरियर में नये प्रयोगों और संस्मरणों का संकलन किया है।

पिछले छह दशकों से समाज-शास्त्र की शोध-प्रविधियों (Research Methodologies) का पत्रकारिता और जनसंचार के माध्यमों में बड़े पैमाने पर उपयोग किया जा रहा है, जिसे 'प्रिसीजन जर्नलिज्म' की संज्ञा 1970 में दी गयी थी।

## प्रिसीजन जर्नलिज्म

'प्रिसीजन जर्नलिज्म' शब्द 1970 में लोकप्रिय हुआ जब कम्प्यूटरों द्वारा आँकड़ों का खनन (Data Mining) शुरू हुआ।

"प्रिसीजन जर्नलिज्म उसे कहते हैं, जब पत्रकार समाज-शास्त्र की शोध- प्रविधियों को अपनाते हुए सूचनाएँ एकत्र करते हैं। समाज-विज्ञानी की तरह प्रिसीजन जर्नलिस्ट आँकड़ों का संग्रह कर उनका विश्लेषण और व्याख्या करने के बाद किसी निष्कर्ष पर पहुँचता है।"

**–पॉल जे. लवराकस (Paul J. Lavrakas)**

'प्रिसीजन जर्नलिज्म' सामाजिक और व्यवहार विज्ञान की शोध-प्रविधियों के अनुसार आँकड़ों का विश्लेषण कर समाचार बनाना है। यह कम्प्यूटर असिस्टेड रिपोर्टिंग (CAR) का एक रूप है। कम्प्यूटर असिस्टेड रिपोर्टिंग तकनीक में डाटा बेस, उपलब्ध पुराने रिकॉर्ड को खँगालकर सांख्यिकी के अनुसार विश्लेषण किया जाता है।

एक पत्रकार का कार्य सूचनाएँ एकत्र करके उन्हें प्रभावी ढंग से प्रस्तुत करना होता है, ताकि पाठकों का ध्यान आकर्षित किया जा सके। आज के समय में 'प्रिसीजन जर्नलिज्म' एक आवश्यकता बन गयी है, क्योंकि लोग दृश्यमान (Visible) के पीछे भी जानना चाहते हैं। इस आवश्यकता को पूरा करने के लिए पत्रकार समाजशास्त्र और व्यवहार विज्ञान की विधियों और तकनीकों का प्रयोग कर आँकड़ों का संग्रह, संरक्षण, विश्लेषण और व्याख्या करता है।

पहले यह माना जाता था कि पत्रकार को समाचार को रिर्पोट करना चाहिए, समाचार नहीं बनाना चाहिए। यह भी कहा जाता था कि पत्रकार को जनमत सर्वेक्षण नहीं करने चाहिए, उसे शोध एजेंसियों द्वारा किये गये सर्वेक्षणों और शोध निष्कर्षों की प्रतीक्षा करनी चाहिए। 1980 के दशक में चुनावों में जनमत सर्वेक्षण की परम्परा

फलने-फूलने लगी। सम्पादकों को राजनेताओं और राजनीतिक दलों द्वारा कराये जाने वाले जनमत सर्वेक्षणों पर विश्वास नहीं रहा, क्योंकि इन प्रायोजित सर्वेक्षणों के आधार पर निकाले गये निष्कर्ष अक्सर गलत सिद्ध होने लगे। उन सर्वेक्षणों के निष्कर्षों को प्रकाशित करना, पाठकों के बीच अपनी विश्वसनीयता को दाँव पर लगाने जैसा था। ऐसे में पत्रकारों ने खुद को आँकड़ा संग्रह, संरक्षण, विश्लेषण की वैज्ञानिक विधियों से लैस किया। इस प्रकार विषय के चुनाव से लेकर शोध डिजाइन, आँकड़ों के संग्रह, विश्लेषण और व्याख्या पत्रकार स्वयं करने लगे। 'प्रिसीजन जर्नलिज्म' ने पत्रकारिता को अधिक वैज्ञानिक रूप प्रदान किया। इसे वैज्ञानिक पत्रकारिता भी कहते हैं, क्योंकि इसमें वैज्ञानिक विधियाँ अपनायी जाती हैं।

'प्रिसीजन जर्नलिज्म' के सन्दर्भ में प्रसिद्ध भौतिक विज्ञानी क्रैनबर्ग (Cranberg) का यह वक्तव्य उल्लेखनीय है—

'मानवीय जाँच-पड़ताल के प्रत्येक क्षेत्र में हमेशा तथ्य छुपे हुए होते हैं और सत्य भ्रामक या पकड़ में न आने वाला होता है। इन छुपे हुए तथ्यों की खोज और पकड़ में न आने वाले सत्य तक पहुँचने के लिए दृढ़-संकल्प और विशेष प्रकार का कौशल चाहिए। इसी दृढ़-संकल्प और कौशल को हासिल करने के लिए जरूरी है कि पत्रकार को उसी तरह का सही प्रशिक्षण मिले, जैसा कि एक प्रशिक्षित भौतिक विज्ञानी या चिकित्सक को दिया जाता है।'

एक प्रिसीजन जर्नलिस्ट किसी जनमत सर्वेक्षण की सेवाएँ नहीं लेता, बल्कि समाचार बनाने के लिए खुद ही सर्वेक्षणकर्त्ता और विश्लेषक बन जाता है। प्रिसीजन जर्नलिज्म का एक ही सार है, यह जानना कि आँकड़ों के साथ क्या किया जाये? इसका पूरा सार दो चरणों में समाहित हैं—

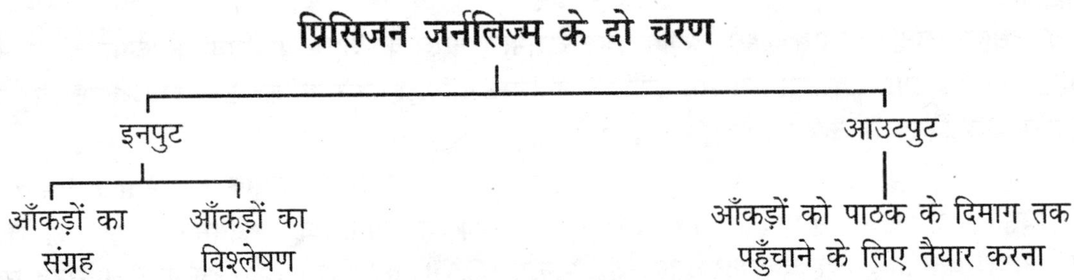


**चित्र 10.1 : प्रिसिजन जर्नलिज्म के विभिन्न चरण**

'प्रिसिजन जर्नलिज्म' की पूरी प्रक्रिया को निम्न चित्र के माध्यम से समझा जा सकता है—

1. आँकड़ों का संग्रह (Data Collection)
2. संचयन (Storage)
3. पुनः प्राप्ति (Retrieval)
4. विश्लेषण (Analysis)
5. सार-रूप में प्रस्तुति (Summarise)
6. संचार (Communicate)

**चित्र 10.2 : प्रिसिजम जर्नलिज्म की प्रक्रिया**

एक अच्छा समाचार वह है, जो आँकड़ों के विशाल भंडार के सार को पाठकों, श्रोताओं और दर्शकों तक संक्षेप में और प्रभावी ढंग से पहुँचा दे। अपरिष्कृत आँकड़ों (Raw Data) का भंडार ही काफी नहीं होता। इन्हें उपयोगी और समझने योग्य बनाने के लिए संरक्षण, संक्षिप्तीकरण और विश्लेषण की प्रक्रिया से गुजारने के बाद एक ढाँचे में फिट करना होता है।

## आँकड़ों पर आधारित पत्रकारिता

जब हम मीडिया शोध और पत्रकारिता के बीच सम्बन्ध की बात करते हैं तो हमें दो शब्द और मिलते हैं, ये हैं–

1. आँकड़ों पर आधारित पत्रकारिता (Data Driven Journalism)
2. आँकड़ा पत्रकारिता (Data Journalism)

दोनों में कोई विशेष अन्तर नहीं है।

आँकड़ों पर आधारित पत्रकारिता को परिभाषित करते हुए संचार क्षेत्र के विद्वान वेबके लूजन (wiebke Loosen) कहते हैं–

"लेखन के लिए कच्ची सामग्री के साथ आँकड़ों की आपूर्ति पर आधारित लेख, समाचार आदि डाटा बेस जर्नलिज्म की श्रेणी में आते हैं।"

थॉम्सन रॉयटर्स में डाटा और इनोवेशन के सम्पादक रेगीनैल्ड शॉ (Reginald Chua) का मानना है कि आँकड़ों पर आधारित पत्रकारिता से समाचार, लेख आदि की संग्रहणीयता और उपयोगिता बहुत बढ़ जाती है।

आँकड़ा पत्रकारिता (Data Journalism) एक ऐसी प्रक्रिया है, जिसमें पत्रकार सांख्यिकीय आँकड़ों या डाटा बेस को प्रारम्भिक सामग्री के तौर पर इस्तेमाल करता है। जबकि डाटाबेस जर्नलिज्म में समाचार का ताना-बाना आँकड़ों के इर्द-गिर्द बुना जाता है। आँकड़ा पत्रकारिता का आधार आँकड़ों के विशाल भंडार का विश्लेषण और उन्हें निथारकर (Filtering) समाचार बनाना है। आँकड़ा पत्रकारिता संवाददाताओं को तमाम अनकही कहानियाँ सामने लाने में सक्षम बनाती है, किसी भी विषय के नये आयामों को सामने लाती है और यह सब एक प्रक्रिया विशेष के कारण सम्भव हो पाता है, जिसके चार प्रमुख चरण है–

### आँकड़ा पत्रकारिता

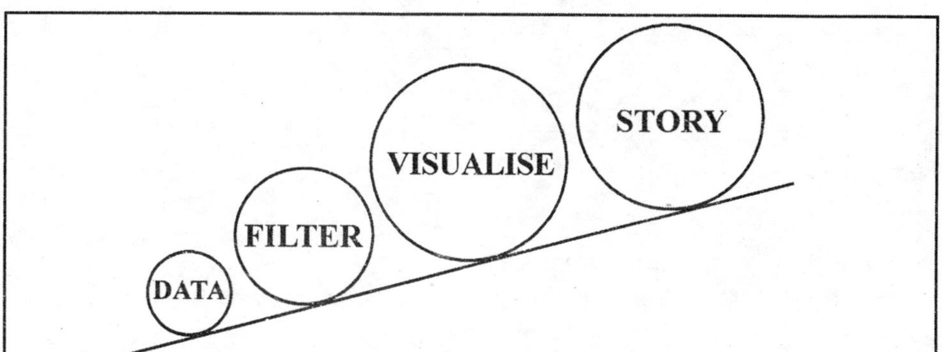


**चित्र 10.3 : आँकड़ा पत्रकारिता के विभिन्न चरण**

आँकड़ा पत्रकारिता के प्रशिक्षक और लेखक पॉल ब्रैडशॉ (Paul Bradshaw) इस प्रक्रिया का विवरण देते हैं–

1. आँकड़ों की खोज
2. जाँच-पड़ताल और निथारने की प्रक्रिया
3. सोच/मानस में प्रस्तुतीकरण की छवि (एनीमेशन या सांख्यिकी रूप में)
4. विभिन्न उपकरणों और स्रोतों का प्रयोग करते हुए लगातार लिखना।

आँकड़ा पत्रकारिता का मुख्य उद्देश्य है—पाठकों या दर्शकों को आकर्षित करने से आगे जाकर उनका भरोसा जीतना। यह अनकही छुपी कहानियाँ सामने लाने का यह बेहतरीन तरीका है।

## सन्दर्भ


- Roger D. Wimmer, Joseph R. Dominick (2012), Mass Meedia Research : An Introduction (9th Edition), Cengage Learning, New Delhi.
- Ruchi Gupta (2012), Advertising Principles and Practice, S.Chand Publishing, New Delhi.
- Jaishree Jethwani, Ravi Shankar, Nath Sarkar (2000), विज्ञापन और जनसंपर्क, सागर पब्लिशंस, नई दिल्ली।
- en.wikipedia.org/wiki/computer-arristed_reporting/ss
- en.wikipedia.org/wiki/data-driven/Journalism

# अध्याय-11

# मीडिया शोध और नैतिकता
# Media Research and Ethics

## आचार संहिता

नैतिकता का सम्बन्ध उचित आचार-व्यवहार से है। यह आचार-व्यवहार जीवन की प्रत्येक गतिविधि और क्षेत्र में वांछित है। प्रत्येक कार्य सदाचार की परिधि में हो, इसके लिए भिन्न-भिन्न आचार सहिताओं का निर्माण किया गया। ये आचार सहिताएं जहाँ मार्गदर्शन करती हैं, वहीं करणीय (Dos) और अकरणीय (Dont's) को भी परिभाषित करती हैं। शोध-क्षेत्र में आचार-व्यवहार के मानक बनाये रखने के लिए आचार-संहिता बनायी गयी जो कि शोधार्थी को किसी भी समस्या या शोध करके उसके हल तक पहुँचने में मार्गदर्शक का कार्य करती है। योजना बनाने से लेकर, आँकड़ों के संग्रह, उपलब्धियों और निष्कर्ष तक पहुँचने के लिए शोधार्थी यदि आचार संहिता का पालन करता है तो उसके निष्कर्षों और शोध कार्य को सम्मान की दृष्टि से देखा जाता है, क्योंकि वह हर कसौटी पर खरा उतरता है।

1999 में अमरीका की अमेरिकन सोशलोजिकल एसोसिएशन ने इसी सन्दर्भ में शोधार्थी के लिए आचार-व्यवहार के कुछ बिन्दुओं की चर्चा की। एसोसिएशन के अनुसार शोधार्थी को निम्नलिखित पाँच बातों का ध्यान रखना चाहिए–

1. व्यावसायिक सामर्थ्य
2. सत्य-निष्ठा और दृढ़-नैतिकता
3. व्यावसायिक और वैज्ञानिक दायित्व
4. लोगों के अधिकारों, भावनाओं और विविधता के प्रति सम्मान
5. सामाजिक दायित्व

अलग-अलग संस्थानों, विश्वविद्यालयों और शोध संस्थानों ने शोध क्षेत्र में बेहतर मानदंडों के लिए अपनी-अपनी आचार संहिताएँ बनायी हैं, जैसे कि इंग्लैंड की 'इकॉनोमिक एंड सोशल रिसर्च काउंसिल' ऑस्ट्रेलिया की 'नेशनल एथिक्स एप्रूवल फोरम', लेकिन इनको उस प्रकार कोई औपचारिक रूप नहीं दिया गया, जिस प्रकार अमरीका की 'अमेरिकन एसोसिएशन फॉर पब्लिक ओपीनियन' की रिसर्च कोड फॉर प्रोफेशनल एथिक्स एंड प्रैक्टिसेस, की औपचारिक आचार संहिता है।

## अमेरिकन एसोसिएशन फॉर पब्लिक ओपीनियन की शोधकर्त्ताओं के लिए आचार संहिता

**I. हमारे कार्य के दौरान पालन किये जाने वाले व्यवहार–**

- हम विश्लेषण के लिए उन्हीं विधियों और उपकरणों का प्रयोग या सिफारिश करेंगे, जो हमारी शोध समस्या के लिए हमारे व्यावसायिक निर्णय के अनुसार उचित होंगे।

  (क) हम आँकड़ों के संग्रह और सरक्षण म उचित सावधानी बरतेंगे और परिणामों की शुद्धता के लिए सभी तर्कसंगत कदम उठायेंगे।

  (ख) शोध डिजाइन के विकास और आँकड़ों के विश्लेषण में विशेष सावधानी बरतेंगे।
- हम विश्लेषण में किसी ऐसे उपकरण या विधि का चुनाव नहीं करेंगे, जो स्वयं में किसी भ्रामक निष्कर्ष तक पहुँचाने वाला हो।
- हम जानबूझकर शोध परिणामों की व्याख्या नहीं करेंगे, न ही सांकेतिक रूप से ऐसी किसी व्याख्या की अनुमति देंगे जिसकी संगति उपलब्ध आँकड़ों से न बैठती हो।
- हमें जानबूझकर यह प्रयास नहीं करना चाहिए, जिससे असली आँकड़ों के प्रमाणन की बजाय हमारी व्याख्या ज्यादा विश्वसनीय लगे।

  (ग) हम अपनी शोध रिपोर्टों में अपनी खोजों और विधियों का एकदम सही और यथोचित विवरण देंगे।

**II. लोगों से सम्पर्क और संवाद आदि के दौरान व्यावसायिक दायित्व के सिद्धान्त**

(क) **जनमानस**–हम जनता के वैध अधिकृत प्रतिनिधियों को अपने अध्ययन में प्रयोग की जाने वाली विधियों का विवरण देते हुए उनका सहयोग करेंगे।

(ख) **सेवार्थी** (Client) और प्रायोजक–

- जब हम किसी निजी सेवार्थी के लिए कोई शोध कार्य कर रहे हैं तो हम उसके स्वामित्व और व्यापार से सम्बन्धित सभी सूचनाएँ और शोध के निष्कर्ष तथा खोजें सभी गोपनीय रखेंगे। केवल उसी स्थिति में इन्हें उजागर करेंगे, जब सेवार्थी हमें इसके लिए अनुच्छेद-II ए-2 के अन्तर्गत अधिकृत करेगा।
- हम अपनी तकनीकों और सुविधाओं को ध्यान में रखते हुए सिर्फ उन्हीं शोध कार्यों को स्वीकार करेंगे, जो इन सीमाओं में पूरे किये जा सकें।

(ग) **व्यवसाय** (Profession)–

- हम अपनी एसोसिएशन की सदस्यता को अपनी व्यावसायिक क्षमता के प्रभाग के रूप में उद्धृत नहीं करेंगे, क्योंकि एसोसिएशन इस रूप में किसी व्यक्ति या संगठन को मान्यता नहीं देती।
- हम शोध विज्ञान में कुछ योगदान देने के अपने दायित्व को समझते हुए अपने शोध की खोजों, निष्कर्षों और विचारों का यथासम्भव प्रसार करेंगे।

(घ) **उत्तरदाता** (The Respondent)–

- हम अपने सर्वेक्षण के उत्तरदाताओं से कोई झूठ नहीं बोलेंगे और न ही ऐसी कोई विधि अनायेंगे, जो उन्हें धमकी, प्रताड़ना, अपशब्द-गाली या जोर-जबर्दस्ती जैसी लगे।
- जब तक कि उत्तरदाता 'गोपनीयता' जैसी चीज से परहेज हटाने के लिए नहीं कहता, तब तक हम

उसके द्वारा दी गयी उन सभी सूचनाओं को गोपनीय ही रखेंगे, जिनसे उसकी पहचान उजागर होती हो। हम शोध से इतर उद्देश्यों के लिए उत्तरदाता का नाम उजागर नहीं करेंगे।

## शोध में व्यावसायिक मानक (Profesional Standards in Research)

शोध में व्यावसायिक मानकों को मूल सिद्धान्तों के साथ जोड़ा गया। शोध के विद्यार्थियों के लिए निम्नलिखित बिदुओं को मानकों के रूप में जानना आवश्यक होगा–

1. शोध के उच्च तकनीकी मानकों का यथासम्भव पालन करना जैसे-शोध डिजाइन, नमूना विधि, शोध उपकरणों का विकास और सांख्यिकीय तकनीकों का प्रयोग।

2. धन देने वाली एजेंसियों, प्रशासकों और प्रबन्धकों के हितों के साथ संघर्ष की स्थितियों से यथासम्भव बचना।

3. हर कदम पर शोध-प्रक्रिया की गोपनीयता बरकरार रखना और किसी भी प्रकार के पूर्वाग्रह से बचना।

4. किसी भी प्रकार के पक्षपात से दूर रहना।

5. यह सुनिश्चित करना कि शोध के किसी भी चरण में शोधार्थियों, सर्वेक्षकों का शोषण न हो।

6. किसी भी प्रकार की शाब्दिक या वैचारिक चोरी (Plagiarism) से बचना।

वस्तुतः शोधार्थी को शोध के इन नैतिक पहलुओं और मानकों की पूरी जानकारी होनी चाहिए और उसे इनका कड़ाई से पालन भी करना चाहिए। उसे शोधार्थी के नाते समाज और समुदाय विशेष के प्रति अपनी जिम्मेदारियों का अहसास होना चाहिए। इसीलिए कोई भी शोध-कार्य योजना बनाने से पहले सम्बन्धित प्राधिकरणों, विभागों से पहले ही अनुमति ले लेनी चाहिए। एकत्रित की गयी सूचनाओं की गोपनीयता इसका एक महत्त्वपूर्ण पहलू है।

आँकड़ों के संग्रह के लिए उत्तरदाता को विश्वास में लेना बहुत आवश्यक है। आँकड़ा-संग्रह के लिए उत्तरदाता से सम्पर्क के दौरान और उससे पहले निम्नलिखित बातों का ध्यान रखना आवश्यक है–

- उत्तरदाता की सहमति।
- शोध का उद्देश्य स्पष्ट रूप से बताना।
- शोध-उपकरणों का प्रयोग करने से पूर्व उत्तरदाता को इसके बारे में संक्षेप में बताना कि शोध-परिणामों का सम्भावित उपयोग क्या होगा।
- प्रश्नों को स्पष्ट रूप से समझाना ताकि उत्तरदाता उन्हें सही ढंग से समझकर उत्तर दे सकें।
- किसी प्रश्न के उत्तर देने या न देने के उत्तरदाता के अधिकार का सम्मान करना। शोधकर्त्ता को अन्य स्रोतों और तकनीकों से अप्रत्यक्ष रूप से भी सूचना एकत्र करनी चाहिए।
- यह शोधकर्त्ता का दायित्व है कि वह उत्तरदाताओं की संस्कृति, मान्यताओं, नैतिक मूल्यों और धार्मिक आस्था का सम्मान करे।
- उत्तरदाताओं से बातचीत करते समय माहौल को हल्का-फुल्का, सहज बनाये रखे।
- उत्तरदाता से अनावश्यक चर्चा में न उलझे, बहस न करे।

- यदि उत्तरदाता अपनी पहचान उजागर नहीं करना चाहता तो पहचान को गोपनीय रखना चाहिए, उत्तरदाता की पहचान के लिए उसे एक कोड नम्बर देना चाहिए।
- नैतिक और व्यावहारिक दृष्टि से उत्तरदाताओं के उस समुदाय विशेष के लिए फीडबैक लेना बहुत आवश्यक है। उत्तरदाताओं में उस शोध के परिणाम जानने की बहुत जिज्ञासा होती है, जिसमें उन्हें शामिल किया गया है। शोधकर्त्ता उत्तरदाताओं को शोध-परिणामों की एक अनुमानित तिथि बता सकता है।
- उत्तरदाताओं के सन्दर्भ में यह सुनिश्चित होना चाहिए कि उन्हें शोध के बारे में जानकारी है और सूचनाएँ देने के लिए वे सहमत हैं। शोधार्थी को यह सुनिश्चित कर लेना चाहिए कि–

– उत्तरदाता बिना किसी निहित उद्देश्य या दबाव से मुक्त होकर उत्तर दें।

– वे विषय को पूरी तरह समझने के बाद ही उत्तर दें, सिर्फ खानापूर्ति के लिए नहीं।

– उन्हें शोध के उद्देश्य और शोध करने वाली संस्था की जानकारी हो।

– शोध दल में उनका पूरा विश्वास हो, और वे भविष्य में सहयोग करने के लिए तैयार हों।

इनके अतिरिक्त कुछ और नीतिगत सिद्धान्त हैं, जिनके बारे में शोधार्थी को जानकारी होनी चाहिए और उसे उनका पालन भी करना चाहिए–

**गोपनीयता और कर्तव्यनिष्ठा**–उत्तरदाताओं के हितों का सम्मान करना शोधकर्त्ता का परम कर्तव्य है। उसके मौलिक अधिकारों, गरिमा, निजता, गोपनीयता और यदि आवश्यक हो तो अनामता (Anonymity) का ध्यान रखना चाहिए।

**ईमानदारी**–शोध की पूरी प्रक्रिया में शोधकर्त्ता को ईमानदारी बरतनी चाहिए, चाहे वह आँकड़े संग्रह का कार्य हो या संरक्षण का या फिर रिपोर्ट लेखन और परिणामों का प्रकाशन। शोधकर्त्ता को अपने सहकर्मियों, धन देने वाली संस्था और उत्तरदाताओं को भ्रमित या गुमराह नहीं करना चाहिए।

**सक्षमता**–शोधकर्त्ता को सिर्फ वही विधियाँ और तकनीक अपनानी चाहिए, जिनमें वह पूरी तरह सक्षम और प्रशिक्षित है।

**तथ्यात्मकता**–शोध के सभी पहलुओं में जहाँ तथ्यात्मकता आवश्यक है, शोधकर्त्ता को पूर्वाग्रह, आत्म-छल, भावुक होकर किसी तथ्य को प्रभावित करने, पक्षपात आदि से बचना चाहिए। शोध के अनिवार्य पक्षों पर व्यक्तिगत हित हावी नहीं होने चाहिए।

**सत्य-निष्ठा**–शोधकर्त्ता को अपने सहयोगियों के प्रति आदर-भाव रखना चाहिए। किसी के प्रति गुमराह करने वाले और झूठे बयान नहीं देने चाहिए।

**वैधता**–शोध-कार्य की वैधता का पूरा ध्यान रखा जाना चाहिए, ताकि खोजों और निष्कर्षों को चुनौती न दी जा सके और वह लम्बे समय तक अपनी पहचान बना सके।

**विश्वसनीयता**–इस बात का ध्यान रखा जाना चाहिए कि यदि समान परिस्थितियों में समान विधियाँ और तकनीक अपनाते हुए दुबारा शोध या अध्ययन किया जाये तो पूरी प्रक्रिया दोहराये जाने पर भी परिणाम समान ही आयें।

**सामान्यीकरण**–यहाँ शोध के सन्दर्भ में सामन्यीकरण को समझना होगा। किसी एक नमूने से जो उपलब्धियाँ

और निष्कर्ष सामने आये, यदि उसी प्रक्रिया, विधि तकनीक और उपकरणों का प्रयोग करते हुए अपेक्षाकृत ज्यादा बड़ी जनसंख्या या किसी दूसरे समूह पर वही अध्ययन किया जाये और नमूना अध्ययन से प्राप्त निष्कर्षों को प्रत्यक्षतः बड़ी जनसंख्या या दूसरे समूह पर प्रत्यक्ष लागू किया जा सके तो वह सामान्यीकरण होगा। एक अच्छे शोध अध्ययन का प्रमाण है सामान्यीकरण।

**पुनरुत्पादकता**—यह भी जरूर ध्यान रखना चाहिए कि आपका शोध अध्ययन किसी अन्य शोध अध्ययन में सहयोगी हो सके या फिर किसी अन्य शोध की प्रेरणा बन सके।

**सावधानी**—शोधकर्त्ता को अपने शोध की सभी गतिविधियों का पूरा ब्यौरा रखना चाहिए जैसे कि आँकड़ा-संग्रह, शोध-डिजाइन, शोध एजेंसी, संस्था और या जर्नल से पत्राचार आदि। लापरवाही के कारण हुई त्रुटियाँ शोधकर्त्ता को कानूनी मामलों में फँसा सकती हैं। इसलिए कदम-कदम पर सावधानी बरतना आवश्यक है।

### अन्य विचलन (Other Deviation)

शोध-क्षेत्र में कुछ परम्पराओं या कार्य-व्यवहारों को सरकारी शब्दावली में भले ही अनैतिक घोषित न किया गया हो, लेकिन उन्हें विचलन की श्रेणी में अवश्य रखा जाता है और उन्हें अपनाना अनैतिक आचरण माना जाता है। निम्नलिखित बिन्दुओं को 'अन्य विचलन' की श्रेणी में रखा जाता है—

- अपने शोध की महत्ता बढ़ाने के लिए अनुपयुक्त सांख्यिकीय तकनीक का प्रयोग।
- लापरवाही से किया गया साहित्यावलोकन, जिसके चलते शोधार्थी अपने ही क्षेत्र में पूर्व में किये शोधों या अन्य प्रासंगिक शोध करने वालों के कार्य और योगदान का उल्लेख करने से चूक जाता है।
- उचित समय तक शोध आँकड़ों को न सहेज पाना।
- अन्य लेखकों या शोधार्थियों द्वारा प्रस्तुत निष्कर्षों आदि पर अनादारपूर्ण टिप्पणियाँ करना।
- अपने एक ही शोध-कार्य या पत्र को अलग-अलग जर्नल में प्रकाशन के लिए भेजना।
- अपना कोई अन्य हित साधने के लिए अपने किसी साथी का नाम लेखक के रूप में डालना, जिसका शोध-पत्र में कोई भी विशेष योगदान न हो।
- स्नातक या पोस्ट डॉक्टोरल विद्यार्थियों से जरूरत से ज्यादा काम लेना, उनकी उपेक्षा करना या शोषण करना।
- किसी जर्नल से शोध-पत्र की समीक्षा करते हुए गोपनीय आँकड़ों की चर्चा अपने सहकर्मी से करना।

## शाब्दिक, वैचारिक चोरी (Plagiarism)

किसी अन्य लेखक की भाषा, विचारों, अवधारणाओं और अभिव्यक्तियों को अपना मौलिक लेखन कार्य बताना और अपने नाम से छपवाना 'प्लैजियरिज्म' है। कुछ लोग इसे नकल की श्रेणी में भी गिनते हैं, लेकिन यह नकल से कहीं ज्यादा गम्भीर मामला है। इसे शैक्षिक बेईमानी और पत्रकारीय नीतिगत सिद्धान्तों का उल्लंघन माना जाता है, जिसकी सजा जुर्माना, निलम्बन और नौकरी से बेदखली भी हो सकती है।

निम्नलिखित श्रेणी के शैक्षिक कृत्य 'प्लैजियरिज्म' की श्रेणी में आ सकते हैं—

- किसी अन्य के शब्दों और विचारों को चुराकर उन्हें अपने मौलिक कार्य के रूप में प्रस्तुत करना।
- साहित्यिक चोरी।

- उपलब्ध, मौजूद स्रोत से लिये गये विचार या उत्पाद को अपने नये या मौलिक की तरह प्रस्तुत करना।
- किसी अन्य लेखक के शब्दों और विचारों का 'साभार' या 'स्रोत' का उल्लेख किये बिना नकल करना।
- किसी उद्धरण को उद्धरण चिह्न (" ") के बिना प्रस्तुत करना।
- मात्र कुछ शब्द बदलकर ज्यों का त्यों [illegible] बिना 'साभार' या 'स्रोत' का उल्लेख किये बिना प्रयोग करना।
- उद्धरण के स्रोत के बारे में गलत सूचना।
- इस प्रकार के अपराध से बचने के लिए हमेशा 'स्रोत' का उल्लेख अवश्य करना चाहिए। 'प्लैजियरिज्म' से बचने के लिए इतना लिखना भी काफी होता है कि अमुक सामग्री, अमुक पुस्तक, वेबसाइट आदि से ली गयी है। इससे पाठकों को मूल स्रोत की भी जानकारी हो जाती है।

## शाब्दिक, वैचारिक चोरी के प्रकार (Types of Plagiarism)

शाब्दिक और वैचारिक चोरी की रोकथाम के लिए यह आवश्यक है कि हम उसके विभिन्न रूपों की पहचान कर सकें। प्रो॰ देवेश किशोर ने अपनी पुस्तक 'हैंडबुक ऑफ कम्युनिकेशन रिसर्च' में 'प्लैजियरिज्म' को मुख्यतः दो वर्गों में बाँटा है—

**शाब्दिक, वैचारिक चोरी के प्रकार**
**(Types of Plagiarism)**

| जानबूझकर Intentional (जब स्रोतों का उल्लेख नहीं किया गया हो) | अनजाने में Unintentional (जब स्रोतों का उल्लेख किया गया हो) |
|---|---|

**चित्र 11.1 : शाब्दिक, वैचारिक चोरी के प्रकार**

इन दोनों को विस्तार से जानने की आवश्यकता है—

### 1. जानबूझकर कर की गयी शाब्दिक, वैचारिक चोरी

जैसा कि ऊपर के चित्र से स्पष्ट है कि इसमें स्रोतों का उल्लेख नहीं किया जाता। निम्नलिखित स्थितियाँ इस श्रेणी में आती हैं—

- विभिन्न लेखों का भावानुवाद कर उन्हें आपस में जोड़कर एक मौलिक लेख के रूप में प्रस्तुत करना।
- किसी आलेख की अधिकतम सामग्री लेकर, मुख्य शब्दों (Keywords) और उसके सम्पूर्ण स्वरूप में परिवर्तन।
- किसी अन्य के कार्य की शब्दशः नकल कर उसे अपने मौलिक लेखन के रूप में प्रस्तुत करना।

- किसी लेख के महत्त्वपूर्ण भाग में बिना कोई बदलाव किये उसे ज्यों का त्यों प्रस्तुत करना।
- अपने ही पहले किये गये कार्य का सार ग्रहण कर, बिना उल्लेख के नये रूप में प्रस्तुति।
- अनेक स्रोतों से शब्द और मुहावरे आदि लेकर उन्हें क्रमानुसार सहेज कर अपने मौलिक कार्य के रूप में प्रस्तुत करना।

## 2. अनजाने में की गयी शाब्दिक, वैचारिक चोरी

कई बार उद्धरणों का उचित उल्लेख न होने के कारण अनजाने में ही ऐसी गलतियाँ हो जाती है। इसके अन्य कारण भी हो सकते हैं–

- सिर्फ लेखक के नाम का उल्लेख करना ही काफी नहीं होना। लेख कहाँ से लिया गया है, इसका उल्लेख भी आवश्यक होता है, ताकि पाठक आसानी से मूल स्रोत तक पहुँच सकें और मूल लेखक का आभार भी सही मायनों में व्यक्त किया जा सके। इसके लिए 'फुटनोट' (पाद टिप्पणी) में वांछित विवरण दिया जा सकता है।
- उद्धृत लेख या सामग्री आदि के उल्लेख के लिए उचित शैली अपनानी चाहिए, क्योंकि आधा-अधूरा उल्लेख पाठकों को भटका सकता है और उन्हें मूल स्रोत तक पहुँचने में कठिनाई होगी।
- इतना ही नहीं यदि स्रोत का सही ढंग से उल्लेख है, लेकिन शब्दशः उद्धृत सामग्री पर उद्धरण चिह्न नहीं हैं तो यह भी शाब्दिक, वैचारिक चोरी के अन्तर्गत ही आएगा।
- कभी-कभी स्रोत का सही उल्लेख होने और उसे उद्धरण चिह्न से चिह्नित करने के बावजूद यह 'प्लैजियरिज्म' की श्रेणी में आ सकता है, यदि आपके लेख में मौलिक लेखन न हो। इससे यह आभास होगा कि यह लेखन औरों के शोधपत्रों का लिखित ब्यौरा है।

शोध-प्रक्रिया के सभी स्तरों–वैचारिक अवधारणा, योजना, शोध डिजाइन, विधियाँ, उपकरण, आँकड़ा संग्रह संरक्षण, विश्लेषण, खोज और निष्कर्ष पर शोध सम्बन्धी नीतिगत सिद्धान्तों का ध्यान रखा जाना चाहिए।

## सन्दर्भ


- M. Israel and I. Hay (2006), Research Ethics for Social Scientists, Sage, London
- Mertens & Pauline E.Ginsberg (2009), The Handbook of Social Research Ethics,Sage Publication Inc, New Delhi,
- Ruchi Gupta (2012), Advertising Principles and Practice, New Delhi. S. Chand Publishing
- Roger D.Wimmer, Joseph R. Dominick (2012). Mass Media Research : An Introduction (9th Edition). New Delhi, Cengage Learning.
- Zina O'leary (1991), The Essential Guide for Doing Your Research Project, Sage, South Asia Edition, Sage Publications, New Delhi.


□□

# UNIT OPERATIONS OF AGRICULTURAL PROCESSING